Robert Misik

CHRISTIAN KERN
Ein politisches Porträt

ROBERT MISIK

CHRISTIAN KERN

EIN POLITISCHES PORTRÄT

Residenz Verlag

Bibliografische Information der Deutschen Nationalbibliothek
Die Deutsche Nationalbibliothek verzeichnet diese Publikation in der
Deutschen Nationalbibliografie; detaillierte bibliografische Daten sind
im Internet über http://dnb.dnb.de abrufbar.

www.residenzverlag.at

© 2017 Residenz Verlag GmbH
Salzburg – Wien

Umschlaggestaltung: BoutiqueBrutal.com
Umschlagfoto: Andreas Wenzel
Grafische Gestaltung/Satz: BoutiqueBrutal.com
Lektorat: Jessica Beer
Gesamtherstellung: CPI books GmbH, Leck

ISBN 978-3-7017-3411-5

INHALT

EINLEITUNG

Wien, Ende Jänner 2017. Ballhausplatz, erster Stock, Büro des Bundeskanzlers. Christian Kern sitzt an der Längsfront seines großen Besprechungstisches und ist etwas angespannt. Er hat einen langen Arbeitstag hinter sich. Draußen ist es klirrend kalt. Drei Stunden lang spricht Kern über seine Überzeugungen, seine Haltungen, über seine wirtschaftspolitischen Konzepte, darüber, wie er denkt. Über Staat und Markt. Er lacht darüber, dass ihn konservative Ideologen einen Staatsinterventionisten nennen, wo er doch gerade einen modernen Weg zu zeigen versucht hat, wie man durch innovatives Regieren Unternehmen dabei unterstützen kann, die Chancen offener Märkte zu nützen. Wie Staat und Markt zusammenarbeiten können, damit das Wirtschaftswachstum wieder anspringt und mehr Jobs geschaffen werden. Dass man unsere Schulen ins 21. Jahrhundert katapultieren muss. Dass man das Land entstauben muss, um wieder Zukunftsgeist zu beflügeln. Kern kommt von diesem zu jenem, spricht über progressive Kulturpolitik, darüber, dass wichtige Künstler mehr zu offenen Debatten und einer freien Gesellschaft beitragen können als die meisten Politiker, Minister oder Regierungsmitglieder. Dass man all das mit Elan, mit Energie anpacken müsse. Und dass man sich nicht anstecken lassen darf von dem bürokratischen Geist, der alles abbremst, und auch nicht von angeblichen politischen Partnern, die einem Prügel zwischen die Beine werfen wollen. Denn es gilt, keine Zeit zu verlieren.

Christian Kern ist gewissermaßen in Eile. Aber nicht nur, weil der nächste Termin wartet und ein Bundeskanzler einen vollgestopften Kalender hat und in der Regierung gerade wieder ein Konflikt mit dem Koalitionspartner hochkocht. Sondern weil er es in einem metaphorischen Sinne »eilig« hat. Ich erinnere mich an das berühmte Wort von John Maynard Keynes, der einmal sagte, er sei als Wirtschaftstheoretiker immer »in a hurry«, in Eile, sein Publikum fristgerecht zu überzeugen, da nur ein scharfer Kurswechsel noch ein Desaster verhindern könne. Und so ähnlich fühlt sich die Welt auch heute an.

Denn draußen vor der Tür geht gerade die Welt unter, wie wir sie gewohnt waren.

In den USA wurde eben in diesen späten Januartagen Donald Trump als Präsident angelobt. Lange Zeit hatte niemand einen Cent darauf gewettet, dass der Plutokrat und exzentrische Milliardär, der sich als Mann des einfachen Volkes kostümierte, überhaupt die Nominierung als Kandidat schaffen könnte. Dann hatte kaum jemand mit Trumps Wahlsieg gerechnet. Und als er schließlich gewählt worden war, hatten viele Kommentatoren sofort begonnen, den Kopf in den Sand zu stecken und wie die Honoratioren in Max Frischs »Biedermann und die Brandstifter« die Gefahr kleinzureden: Es würde schon nicht so arg kommen. Er würde schon wie ein normaler Präsident regieren. Man dürfe ja nicht alles, was der Mann so daherrede, wörtlich nehmen. Die Beamten würden ihn schon einbremsen. Und dann begann Trump, kaum war er ins Amt eingeführt, mit »Executive Orders«, also mit Präsidentendekreten, am Parlament vorbei einen haarsträubenden Beschluss nach dem anderen zu erlassen. Er erklärte, dass er mit der freien Presse »im Krieg« sei und Kritiker rundum zu »Feinden des amerikanischen Volkes«. Seine Sprecherin verkündete, dass man Fakten und Wahrheiten, so sie einem nicht in den Kram passten, bestreiten werde, schließlich habe man »alternative Fakten«. Seine Rede zum Amtsantritt war eine grimmige, nationalistische Schock-Ansprache, die von Trumps Strategieberater, einem bekennenden Rechtsextremisten, formuliert worden war. An der Grenze zu Mexiko, so ein Präsidenten-Ukas, werde sofort mit dem Bau einer Mauer begonnen. Lauter Ungeheuerlichkeiten, die eigentlich niemand für möglich gehalten hatte.

Was lange Jahre als selbstverständlich galt – Rechtsstaat, pluralistische Demokratie, Freiheit der Kunst, Weltoffenheit und Modernität, wechselseitiger Respekt und dass jeder und jede nach ihrer eigenen Fasson glücklich werden könne –, kurzum, all diese Werte sozialer und pluralistischer Demokratie und offener Gesellschaften sind heute nicht mehr selbstverständlich. Politische Konkurrenz bedeutet heute, im Unterschied zu den vergangenen Jahrzehnten, nicht mehr den Wettbewerb unterschiedlicher Konzepte auf Basis gemeinsam geteilter Grundwerte – heute ist es die Konkurrenz zwischen denen, die für Fortschritt und Demokratie stehen, und jenen, die genau diese Demokratie zerstören wollen. Damit ist die politische Konkurrenz aber auch zu einer geworden, in der man nicht als Beobachter abseits bleiben kann. Sondern in der man sich für eine Seite ins Getümmel werfen muss. Christian Kern will daher auch die Menschen ermuntern, mitzutun.

Als Christian Kern im Mai 2016 in einer Art Palastrevolte zum SPÖ-Vorsitzenden und Bundeskanzler wurde, lag über Österreich eine Stimmung bleierner politischer Depression. Die rechtspopulistische FPÖ lag auch hier in Umfragen seit vielen Monaten stabil an erster Stelle. Das Projekt, das mit dem Namen Christian Kern verbunden ist, war daher auch vom ersten Tag an der Versuch, das Land aus der politischen Sackgasse, aus der Depression und dem Stillstand zu reißen. Um einen Weg in den Abgrund à la Donald Trump zu verhindern. Als Kern damals erstmals öffentlich auftrat, reagierten viele Menschen überrascht – und nicht wenige begeistert. Endlich ein Politiker, der Klartext spricht, der um Probleme nicht herumredet, der Optimismus verbreitet und dem man zuhören kann, weil er keine intellektuelle Zumutung für seine Zuhörer darstellt. Damals lag so etwas wie ein Zauber des Neubeginns über der Szenerie. Und die Mühen der Ebene noch vor dem neuen Kanzler.

Ein Buch über Christian Kern zu schreiben, ist dennoch eine Herausforderung: Schließlich hat er ja noch nicht unbedingt ein erfülltes Politikerleben hinter sich, das eine Biografie rechtfertigen würde.

Dieses Buch ist auch keine Biografie – es ist ein Porträt. Es ist der Versuch, eine Person zu beschreiben: Biografische Elemente sind natürlich wichtig, aber sie bilden nur einen Aspekt unter mehreren. Ein Porträt versucht, eine Person gewissermaßen zu zeichnen, wie sie tickt, es versucht zu ergründen, was ihre mentalen Leitplanken sind, aber auch die politischen Grundhaltungen, die sie prägen. Ein Porträt wird dazu beitragen, diese Person besser zu verstehen, und es wird skizzieren, was wir von ihr möglicherweise zu erwarten haben – auch das ist etwas, was es von der Biografie unterscheidet, die primär retrospektiv ist. Und natürlich ist dieses Buch nicht nur ein Porträt der Person Christian Kern – sondern mindestens so sehr der Aufgabe, vor der er steht: der Restaurierung der Sozialdemokratie und der Modernisierung Österreichs. Beides hängt eng zusammen, und zwar aus zwei Gründen. Erstens:

Nur wenn Kern der Sozialdemokratie eine Verjüngungskur verpasst, kann er jene Wählerzustimmung und damit jene Mehrheit erkämpfen, die er braucht, um auch das Land zu verändern. Zweitens: Eine moderne soziale und demokratische Reformpolitik – grundiert durch das, was man am besten die »sozialdemokratische Idee« nennt – ist gerade in ökonomisch herausfordernden Zeiten, in denen die Ungleichheit wieder wächst und Chancen und Wohlstand unfair verteilt sind, genau das, was Europa und Österreich benötigen. Ein solches Modernisierungsprojekt hat mit vielen Widerständen zu kämpfen, mit Bremsern beim Koalitionspartner, aber auch in der eigenen Partei. Es kann auch ins Stocken geraten. Dieses Buch ist also das Porträt einer Person, die vor dieser Aufgabe steht. Das Porträt eines Projektes. Und auch eine Chronik der laufenden Ereignisse.

Ich kenne Christian Kern seit rund dreißig Jahren. Ich habe mit ihm bei unzähligen Gelegenheiten geredet, und dieses Buch beruht im Besonderen auf vielen Vier-Augen-Gesprächen, die wir seit dem Herbst 2016 geführt haben. Wir haben gesprochen. Wir haben diskutiert. Wir haben auch viel gestritten. Oft sind wir einer Meinung. Sehr oft sind wir aber auch diametral entgegengesetzter Meinung.

Es ist ein Porträt aus der Nähe. Aber ich bin darüber hinaus auch in anderer Hinsicht natürlich nicht neutral: Ich hoffe, dass Kern nachhaltigen Erfolg hat mit seiner Bemühung, die Sozialdemokratie wieder zu einer vitalen, progressiven Bewegung zu machen und dieses Gefühl des Stillstands und der Aussichtslosigkeit aus der österreichischen Politik zu vertreiben. Als Manager, aber auch als jemand, der ein grundlegendes Verständnis von makroökonomischen Zusammenhängen hat, verkörpert er eine Wirtschaftskompetenz, die gerade Sozialdemokraten immer brauchten, um das Vertrauen der Bürger und Bürgerinnen zu gewinnen. Er ist sowohl von seinem intellektuellen Background her, als auch von seinem Auftreten und einfach als Typ ein Politiker, dem die Wähler zutrauen können, dass er die Wirtschaft in den Griff bekommt. Wenn man ihn »Politiker« nennt, sagt er, »dann reißt es mich immer noch. Ich fühle mich nicht angesprochen.« Und er ist ein fähiger Kommunikator. Er bringt jedenfalls eine Reihe an Talenten und Charakterzügen mit, die nötig sind, um das Land aus der tiefen mentalen und politischen Krise zu bringen. Wäre ich nicht dieser Meinung, hätte ich dieses Buch schlichtweg nicht geschrieben – denn warum sollte man ein Buch über eine Person schreiben, der man das nicht zutraut? Eine solche Person wäre nicht interessant genug, um ein paar Monate Lebenszeit auf ihr Porträt zu verschwenden. Anders gesagt: Christian Kern als Person ist gerade deshalb interessant, weil er eine Möglichkeit für dieses Land verkörpert. Und insofern wäre es natürlich lächerlich, so zu tun, als wäre ich unparteiisch.

Aber dennoch: Wenn man als Freund, Weggefährte und Diskussionspartner an ein solches Buch herangeht, dann nimmt man sich natürlich als Erstes vor: Dieses Buch darf keine Hagiografie werden, keine Lobhudelei. Es muss möglichst objektiv und nüchtern sein – schon allein, damit es überhaupt glaubwürdig bleibt. Es darf auch schwierige Fragen nicht auslassen, es muss Raum für Zweifel geben und auch für Kritik, dort, wo sie notwendig ist. Im Prozess des Schreibens ertappe ich mich dabei, geradezu obsessiv nach Sachen zu suchen, die ich auch kritisieren könnte. Mir wurde dann bald klar, dass die Frage, ob dieses Buch eine Hagiografie oder eine Kritik würde, nicht die richtige Richtschnur war. Dass das nicht die zentrale Frage war. Denn eines ist ja viel wichtiger: dass die Leser und Leserinnen in diesem Buch etwas erfahren, was sie nicht schon vorher wussten. Dass sie interessante Einblicke und spannende Perspektiven gewinnen. Dass dieses Buch die Aufgaben und Herausforderungen, vor denen Kern und sein neues Team stehen, wahrheitsgetreu wiedergibt. Und Wahrheitstreue bedeutet in diesem Fall: So wie der Autor, also ich, die Dinge sehe und einschätze. Und diese Einschätzung muss auch nicht unbedingt mit der Sicht Christian Kerns übereinstimmen. Wie das Bruno Kreisky einmal in Anlehnung an einen katholischen Philosophen formuliert hat: Ein Mensch sagt dann die Wahrheit, wenn er sagt, was er sich denkt. Objektive Wahrheit wird es nicht geben, aber subjektive Wahrhaftigkeit. Ich habe versucht, in diesem Sinn ein möglichst »wahrhaftiges« Buch zu schreiben.

Dieses Buch lebt, neben den Gesprächen, die ich mit Christian Kern führte, auch von den Einblicken in Kerns Politikerleben, die mir vom ersten Tag an hinter die Kulissen gestattet waren. Und von Gesprächen mit vielen anderen, aus Kerns Team, mit langjährigen Freunden, Schulkollegen, Familienmitgliedern, Weggefährten. Es versteht sich von selbst, dass ich allen von ihnen zu Dank verpflichtet bin. Ich will hier auch nicht weiter von mir reden, sondern gleich zurückblenden zu einem Tag im Mai – dem Tag, an dem Christian Kern erfährt, dass er tatsächlich Bundeskanzler und SPÖ-Parteivorsitzender wird.

1. KAPITEL

SIEBEN TAGE IM MAI

Der Bürotower am neuen Wiener Hauptbahnhof, 22. Stock. Ein imposanter Glaspalast, hoch oben über dem Südosten der Stadt: Signalarchitektur eines Unternehmens, das sich in den vergangenen Jahren ein modernes Image verpasste. Ein spektakulärer Ausblick über Wieden nach Margareten in die Innenstadt hinein, rechter Hand das Schloss Belvedere von Prinz Eugen von Savoyen, dem Oberkommandierenden diverser Erbfolgekriege. Die Zukunft schaut von hier herunter auf die Vergangenheit.

Es ist vielleicht kein Erbfolgekrieg, aber doch ein spektakulärer Kampf um das Kanzleramt, der an diesem 12. Mai sein Ende findet. Im Büro des bisherigen Bahnchefs versammeln sich Freunde, langjährige Wegbegleiter, Mitarbeiter und Vertraute – oder Leute, die es demnächst werden sollen. »Gratulation, Herr Bundeskanzler«, sagt einer. Christian Kern setzt sein typisches ironisches Lächeln auf, das wohl so etwas sagen soll, wie: »Spar dir die Scherze, bevor es endgültig und unwiderruflich entschieden ist.« Aber echte Unsicherheit gibt es in diesem Moment nicht mehr. Seit dem Vormittag ist endgültig fix, was schon vorher im Grunde klar war: Christian Kern wird Nachfolger von Werner Faymann, der drei Tage zuvor mehr oder weniger freiwillig zurückgetreten ist – eher weniger freiwillig. Denn ohne dass Faymann etwas davon mitbekommen hatte, verabredeten fünf Landesparteivorsitzende der SPÖ, einen Sonderparteitag einzuberufen, der einen neuen Parteichef wählen sollte. Als Faymann erfuhr, dass das Quintett in einem Etablissement mit dem klingenden Namen »Hotel Schani« geheim getagt und ein entsprechendes Papier unterzeichnet hatte, trat er binnen weniger Minuten vor die Presse und verkündete seinen Rücktritt.

Ein bunt zusammengewürfelter – und schnell zusammentelefonierter – Haufen steht an diesem Tag in Kerns Vorstandsbüro. Veteranen aus diversen Kanzlerkabinetten des vergangenen Vierteljahrhunderts, ein emeritierter Spitzendiplomat ist dabei, auch ein führender Mitarbeiter der Wiener SPÖ, dazu Kerns bisherige ÖBB-Vorstandsassistentin, die 30-jährige Maria Maltschnig. Es sind erst ein paar Stunden vergangen, seit sich Kern mit dem Wiener Bürgermeister Michael Häupl getroffen hat, und von ihm unter vier Augen auf dem Sofa im Bürgermeisterbüro die Worte gehört hat, Häupl sei überzeugt, dass Kern der Richtige sei. Häupl hatte sich lange Zeit gelassen, bis sich fast alle Bundesländer und auch die einflussreichsten Gewerkschafter für Kern ausgesprochen hatten. Das »Ja« des Wiener Bürgermeisters hat den Sack dann nur mehr zugemacht. Es war knapp nach ein Uhr Mittag, da brachte der »Kurier« als Erster die Meldung: »SPÖ einigt sich auf Christian Kern.«

Ab jetzt wird alles ganz schnell gehen: Am folgenden Tag soll sich Kern den neun Landesparteichefs der SPÖ im Rathaus präsentieren, am Dienstag – also vier Tage später – dann vom SPÖ-Präsidium als neuer Kanzler und Parteivorsitzender designiert werden. Unmittelbar danach steht die Angelobung durch den Bundespräsidenten bevor und dann irgendwann die erste Regierungserklärung im Parlament. Dazwischen muss auch noch ein Regierungsteam zusammengestellt werden.

Aber die Bürger und Bürgerinnen wissen zu diesem Zeitpunkt herzlich wenig von Kern, und auch die einfachen SPÖ-Parteimitglieder haben kaum eine Ahnung, wer denn eigentlich dieser Neue an der Parteispitze ist. Ein Vierteljahrhundert ist es her, dass Kern als junger Twentysomething bei den Sozialistischen Studenten aktiv war, danach arbeitete er ein paar Jahre in Kabinetten und im SPÖ-Parlamentsklub. Aber seitdem er sich vor knapp zwanzig Jahren aus der zweiten Reihe der Politik verabschiedet und als Manager in die Industrie davongemacht hat, hat Kern sich aus naheliegenden Gründen kaum mehr explizit politisch geäußert, jedenfalls nicht in einer breiteren Öffentlichkeit. Immerhin führte ihn seine Wirtschaftskarriere durch staatsnahe Unternehmen wie den Verbundkonzern und die Bundesbahn, wo man nicht nur mit den Eigentümervertretern, also mit der jeweiligen Regierung, zurechtkommen, sondern in alle politischen Richtungen gesprächsfähig bleiben muss. Grundsatzreden zu schwingen gehört nun einmal nicht zum Jobprofil eines Spitzenmanagers. So erwarten sich die meisten jetzt einen Pragmatiker und Technokraten mit Wirtschaftskompetenz, einen seriösen Mann mit einem zielorientierten Führungsstil, aber ganz sicher keinen Visionär, der über ideologische Grundsatzfragen grübelt, und schon gar keinen Revolutionär.

Die Versammelten im 22. Stock der ÖBB-Zentrale kennen Kern natürlich besser. Die meisten sind mit ihm seit Jahrzehnten bekannt, wenn nicht sogar befreundet, und haben sich mit ihm auch in den letzten Monaten und Jahren immer wieder unterhalten. Diese Gespräche liefen nicht sehr viel anders ab, als die vielen anderen Unterhaltungen unter Leuten, die sich für Politik interessieren, in diesen Jahren abgelaufen sind: Man jammerte über den politischen Zustand des

Landes im Allgemeinen, man beklagte die innere Sklerose der Sozialdemokratie und die Tatsache, dass dem Aufstieg des Rechtspopulismus hilf- und tatenlos zugesehen wird. Kam man auf die Performance der Partei- und Regierungsspitze zu sprechen, machte sich, höflich formuliert, kein großer Enthusiasmus breit. Gelegentlich merkte man vielleicht auch an, dass die althergebrachte Parteiform selbst in Zeiten loser Bündnisse und einer lebendigen Zivilgesellschaft altmodisch geworden sei, und es ganz neue Formen progressiven Politikmachens bedürfe. Kurzum: Man tat so ziemlich das Gleiche wie alle anderen Menschen im Land, die sich über solche Fragen unterhielten.

Aber was Kern dann der Runde eröffnete, hat wohl doch selbst die Anwesenden ein wenig überrascht: Dass er ein Signal radikaler Erneuerung senden will – und zwar vom ersten Tag an. »Grundsätze gehen vor Machterhalt«, das sei doch eine Botschaft, nach der sich die Menschen sehnen würden, so Kern. Er habe keinesfalls vor, sich als jemand zu präsentieren, der die Sozialdemokratie zu einer bloß modisch aufpolierten Spielart der neoliberalen Mitte machen wolle. »Modernisierung nur um der Modernisierung willen ist Blairismus und das braucht heute niemand mehr«, wirft Kern in die verdutzte Runde.

EINE ART TABULA RASA

Die meisten Sozialdemokratien in Europa, die sich einem wirtschaftsliberalen Mainstream angepasst hatten, haben bei diesem Streben in die Mitte nicht an Zuspruch gewonnen, sondern massiv an Zustimmung verloren. Weil sie immer mehr als ununterscheidbare, austauschbare Repräsentanten eines politischen Establishments wirkten. Weil gerade diejenigen, die bei der »Modernisierung«, die eigentlich eine »Deregulierung« ist, unter die Räder kommen, das Gefühl haben, dass sie niemand mehr vertritt, und sich deshalb in ihrer Verzweiflung oft rechten Demagogen in die Arme werfen. Weil es nicht um die Anpassung an den Neoliberalismus gehen kann, sondern darum, seine Hegemonie niederzuringen. Und weil Sozialdemokratien, die sich derart von ihrer eigentlichen Aufgabe entfernen, nämlich Vertreter der einfachen Leute und der Mittelklasse zu sein, oft sogar auch noch Konkurrenz von Linksparteien erwächst, die frischer und moderner wirken als sie, wie etwa in Griechenland und Spanien. Kurzum: Die alte Tante Sozialdemokratie mit einem besseren Marketing auszustatten, wird wohl nicht reichen.

»Ich habe doch diese Art, wie bei uns Politik gemacht wird, diese politischen Rituale genauso satt wie jeder andere auch«, fährt der Noch-nicht-Kanzler fort. »Ich kann doch diesen ganzen Politjargon, diese Aneinanderreihung leerer Worthülsen genauso nicht mehr hören wie die meisten Wähler. Und ich werde das bei meinen ersten Auftritten auch klar sagen.« Dass mit dieser gesamten, alten Politik Schluss gemacht werden muss: »Ich werde mich für jeden vernehmbar von dem, was bisher war, distanzieren.«

»Okay«, wirft da einer der Anwesenden erschrocken ein: »Ich stelle mir das also jetzt einmal so vor: Du bist im Parlament, hältst deine erste Rede als Bundeskanzler, neben dir sitzt dein Vizekanzler und Koalitionspartner Wolfgang Mitterlehner, und du sagst: ›Alles, was ihr bisher getan habt, war Unfug‹? Das kannst du doch nicht machen.« Aber Kern hat sich das schon gründlich überlegt: »Ich werde mit Mitterlehner vorher reden. Aber ich werde das sagen. Da geht es auch um meine Glaubwürdigkeit. Und Glaubwürdigkeit ist das höchste Gut.«

Die Runde der Anwesenden, so der designierte Kanzler, solle ihm bei der Ausformulierung dieser Gedanken und bei seiner ersten Regierungserklärung im Parlament helfen. Denn schließlich habe er weder einen Apparat noch eine intakte Unterstützerstruktur – und eine Woche vor sich, in der alles kopfstehen werde.

Es war eine Art Palastrevolte, die Kern an die Spitze der Regierung brachte, aber damit auch eine der ungewöhnlichsten Regierungsübernahmen in der österreichischen Nachkriegsgeschichte. Dass eine Partei ihren Bundeskanzler mitten in der Legislaturperiode gegen dessen Willen und hinhaltenden Widerstand austauschte, das hat es in Österreich jedenfalls noch nicht gegeben. Normalerweise wird man Bundeskanzler, wenn man eine Wahl gewinnt – oder man bleibt es, weil man sie zumindest nicht krachend verliert. Oder man wird Bundeskanzler, weil der amtierende Regierungschef amtsmüde geworden ist, oder aus einem anderen Grund eine Hofübergabe vornimmt – meist geordnet und mit Bedacht auf Kontinuität. In all diesen Fällen ist man auf die Regierungsübernahme vorbereitet: Man hat ja vorher einen Wahlkampf geschlagen und in diesem politische Konzepte präsentiert, die man hinterher im Regierungsamt realisieren will. Oder man hat vorher schon ein Regierungsamt inne und damit einen Stab von Mitarbeitern und Parteifunktionären zur Hand, die Pläne ausgearbeitet haben.

Aber nichts von dem war hier der Fall: Kern musste – relativ unvorbereitet – innerhalb eines Wochenendes ein neues Regierungsteam präsentieren und zumindest ein paar grobe Richtlinien formulieren, wohin es seiner Meinung nach gehen sollte. Natürlich war Kern nicht völlig unvorbereitet. Aber die

Schubladen voller Konzepte hat man selbstverständlich nicht, wenn man als Manager von einem Tag auf den anderen in die Politik wechselt.

Tag und Nacht telefoniert Kern jetzt: mit den Landesparteivorsitzenden, etwa dem Kärntner Peter Kaiser, dem Steirer Michael Schickhofer, dem Niederösterreicher Matthias Stadler, dem Salzburger Walter Steidl, mit den verschiedensten Leuten in der Partei, wie dem Fraktionsvorsitzenden Andreas Schieder und dessen Frau, der Wiener Gesundheitsstadträtin Sonja Wehsely, mit seinem engen Freund, Ex-Kanzler Alfred Gusenbauer, mit Wiens Finanzstadträtin Renate Brauner, mit Franz Vranitzky, mit ein paar guten Freunden. Zunächst geht es für ihn darum, ein Regierungsteam zusammenzustellen. Vier Mitglieder aus Faymanns Kabinett will er ersetzen, die Regierungsmitglieder Sonja Stessl, Gabriele Heinisch-Hosek, Josef Ostermayer und Gerald Klug. »Ich habe wahrscheinlich rund hundert Leute blitz-gescreent.« Namen tauchen auf, zu jedem Kandidaten gibt es eine Schnellrecherche. Bei jenen, die in die engere Wahl kommen, werden bei Bekannten oder Gewährsleuten die Für-und-Wider-Argumente eingeholt. Dabei dürfen aber auch nicht zu viele Leute um ihre Meinung gefragt werden: Wenn mehr als drei Leute über potenzielle Kandidaten Bescheid wissen, kann man sicher sein, dass die Namen ein paar Stunden später in den Medien auftauchen. Landesparteiobleute werden um Vorschläge ersucht. Die Personaldecke ist dünn. Eine gewisse Balance zwischen den verschiedenen Landesparteien braucht es dennoch, dazu, wenn möglich, ein Gleichgewicht zwischen Männern und Frauen, und es ist auch klar, dass es hoch an der Zeit und mehr als nur eine symbolische Notwendigkeit ist, ein Regierungsmitglied mit Migrationshintergrund zu bestellen – because its 2016. Und schließlich muss auch noch das Feintuning für die Aufgabenverteilung stimmen. André Heller wird gefragt, was er von Stella Rollig, der damaligen Direktorin des Linzer Kunstmuseums Lentos, als Kulturministerin hielte. Sonja Wehsely ist als Kanzleramtsministerin im Gespräch. Später wird klar, dass die Aufgaben des Kulturministers und des Kanzleramts-Staatssekretärs von einer Person erledigt werden müssen. So übernimmt dann Thomas Drozda diese Aufgabe, der als ehemaliger Geschäftsführer des Burgtheaters und Generaldirektor der Vereinigten Bühnen sowohl in Kulturagenden firm ist, aber auch schon Kanzleramtserfahrung hat. »Wenn du in einem großen Unternehmen ein Vorstandsmitglied neu bestellst, dann hast du erst ein Screening, dann ein Hearing, dann ein Gespräch, dann noch ein Gespräch, und dann triffst du eine Entscheidung. Aber in der Politik läuft das alles sehr anders und hektischer«, erinnert sich Kern später an diese Stunden, in denen er unter immensem Zeitdruck zwischen Kandidaten wählen musste, von denen er die einen besser, andere schlechter – und manche gar nicht kannte.

Es sind Chaostage, aber irgendwie auch strukturierte Chaostage. Zwischen Tür und Angel sagt Kern zu seiner ÖBB-Vorstandsassistentin Maria Maltschnig: »Ich würde vorschlagen, Sie kommen mit mir ins Bundeskanzleramt, und meine Vorstellung wäre, dass Sie dort die Funktion der Kabinettschefin übernehmen.« Die 30-Jährige, die bis dahin weder eine Vertraute noch eine langjährige Freundin des designierten Kanzlers war, schluckt einmal kräftig, überlegt ein paar Stunden und sagt abends dann per SMS zu, diese Schlüsselfunktion am Ballhausplatz einzunehmen.

Es ist weniger Zentralismus als die unsichtbaren Einflüsse und unterschiedlichen Stärken der Beteiligten, die die Tage strukturieren. Während Kern mit den wichtigsten Leuten aus der Partei die Regierungsmannschaft diskutiert, kümmert sich Maltschnig um das künftige Kanzleramt – nur zwei Mitarbeiter aus der Faymann-Ära sollen im Kanzlerkabinett bleiben –, und eine kleine Arbeitsgruppe sammelt hunderte Ideen und Konzepte für ein Regierungsprogramm. Währenddessen basteln Freiwillige den Social-Media-Auftritt von Kern, ohne dass ihnen dafür irgendjemand einen Auftrag erteilen hätte müssen. Sätze und Wendungen schwirren herum und werden wieder verworfen. Kern verliert bei alldem nicht das, was er später im Gespräch einmal scherzhaft seine »angeborene Freundlichkeit« nennen sollte – und seinen Humor auch nicht. »Ich kam in den letzten Tagen leider nicht zum Einkaufen«, entschuldigt sich der Noch-nicht-Kanzler lachend, als er am Sonntag – nur drei Tage nach dem entscheidenden Gespräch mit Michael Häupl – bei sich zu Hause die verschiedenen Konzeptvorschläge durchgeht. Die Schwiegermutter, die in diesen hektischen Tagen ein wenig auf Kerns jüngste Tochter und deren Freundinnen aufpasst, geht mit den Kindern zum Pizzabäcker um die Ecke, um ein paar Pizzen zu kaufen. So sitzt die Runde dann um den großen Holztisch in Kerns Wohnzimmer, isst Pizza aus Kartons, will die Textentwürfe ausdrucken – und kommt drauf, dass gerade niemand einen funktionstüchtigen Drucker besitzt.

Über all diesen Tagen liegt das, was Brecht einmal das »große Beginnergefühl« genannt hat. Und zwar in zweifacher Hinsicht: Einerseits war es natürlich in banaler Weise ein wirklicher »Neubeginn« im Sinne des »allem Anfang wohnt ein Zauber inne« – ein Zauber, der immer begeistert, aber auch schnell verfliegen kann. Zugleich aber das Gefühl, dass im Rahmen des Möglichen Tabula rasa gemacht würde. Dass hier nicht nur ein Kanzlerwechsel über die Bühne ginge, sondern dass endlich Menschen vom Rande des politischen Systems, darunter nicht wenige, die sich eher als kritische

Querköpfe fühlten, gemeinsam das Projekt beginnen würden, die lahme Etabliertenpolitik aufzumischen. Kurzum: dass hier etwas Neues in einem eminenteren Sinne beginne. Eine Botschaft von »Hope & Change« soll gesendet werden. Darüber sind sich alle Beteiligten einig. Die bleierne Lähmung, die erdrückend auf dem politischen Leben des Landes liegt, muss weggeblasen werden. »Der Spirit stimmt schon einmal«, sagt Maltschnig, als noch einmal die zentralen Botschaften durchbesprochen werden. Sie ist zu diesem Zeitpunkt als eine der wenigen noch immer mit ihrem Chef per Sie.

Wirklich vorbereitet hat Kern sich auf die Möglichkeit, tatsächlich Kanzler zu werden, vielleicht ab Ende April. Seither waren gerade einmal etwas mehr als zwei Wochen vergangen. Am 24. April hatte der erste Durchgang der Präsidentschaftswahlen mit dem erwarteten Fiasko der Sozialdemokraten geendet – genau genommen mit einem noch schlimmeren Fiasko als erwartet. Der SPÖ-Kandidat Rudolf Hundstorfer erreichte gerade einmal 11,3 Prozent. Viele hatten dieses Wahldebakel zwar kommen gesehen, und die meisten hatten wohl damit gerechnet, dass ab dann die Karten in der österreichischen Innenpolitik, besonders aber in der SPÖ neu gemischt würden – aber dann haben die meisten Akteure doch in einer gewissen Lähmung den Termin abgewartet. Große Vorbereitungen hat niemand getroffen. Ab dem Moment, in dem das Ergebnis bekannt wurde, aber hagelte es nicht nur Rücktrittsforderungen an Parteichef Werner Faymann. Das Partei-Establishment war genauso von heller Panik ergriffen wie die einfachen Parteimitglieder.

Am 1. Mai wird Werner Faymann von seinen eigenen Parteifunktionären am Wiener Rathausplatz weggepfiffen – eine Protestaktion, die ein wenig aus dem Ruder läuft. Faymann redet gerade einmal drei Minuten, gegen eine Mauer der Missfallenskundgebungen, und bricht dann ab. Selbst hartgesottenste Faymann-Kritiker sind schockiert. Bei allen innerparteilichen Härten, die in der Politik Alltag sind: etwas Derartiges hatte man noch nicht erlebt. »Das wünscht man doch nicht einmal seinem schlimmsten Feind«, war nachher an vielen Ecken zu hören. Kern, der zu spät auf den Rathausplatz kam, hat all das nur aus der Ferne mitgekriegt. »Ich habe das Finale der Rede gehört. Das war schon für alle ein Schock. Ich bin dann ins Café Landtmann gegangen, habe den Gewerkschafter und Abgeordneten Beppo Muchitsch getroffen. Egal mit wem man gesprochen hat, alle sind richtig deprimiert nach Hause geschlichen. Da ist ein Ärger artikuliert worden, auf eine Art, die man nicht für möglich gehalten hat. Bei aller Kritik, das kann man nicht so austragen.«

Der junge steirische Landesobmann Michael Schickhofer hatte vorher schon hinter den Kulissen als Erster die Initiative ergriffen, um die Zeit nach Faymann zu planen. Es war in diesen Tagen, dass Kern erstmals die Veranlassung sah, »mich ernsthafter damit auseinanderzusetzen«. Bis dahin habe er, erzählt Kern, trotz allen Geredes in der Öffentlichkeit und auch unter Freunden, doch eher angenommen, dass Faymann auch diesen Sturm übersteht. »Ich sah ehrlich gesagt keinen gesteigerten Anlass, mich vorzubereiten.«

Aber spätestens ab Ende April, als Faymann verzweifelt gegen die Absetzung durch seine eigene Partei kämpfte, häuften sich die Anfragen bei Kern, ob er denn im Fall des Falles zur Verfügung stünde. Mehr noch: Viele Spitzenleute aus den Landesparteien machen explizit klar, dass sie lieber den Bahnchef als Gerhard Zeiler, den zweiten aussichtsreichen Faymann-Konkurrenten, an der Parteispitze sehen würden.

Nach außen hin erleben viele Mitstreiter Kern als jemanden, der nicht zögern würde, zuzugreifen, wenn die Wahl auf ihn fiele. Innerlich, so sagt er, war er aber durchaus ambivalent. Noch zwei Tage vor seiner endgültigen Designierung sagt er zu seiner Frau Eveline, womöglich werde der Kelch ja doch noch an ihnen vorübergehen. Kerns Frau nährt nicht unbedingt die Ambition, sondern eher die Skepsis. Kanzler? Das gesamte Leben auf den Kopf gestellt? Keine normale Minute mehr? Das muss nicht sein. Da mögen Ambition und Ehrgeiz gewesen sein, aber ein wenig Sorge und Bangigkeit sicherlich auch.

Kern beginnt, ein paar grundlegendere politische Gedanken zu präzisieren. Denn natürlich konnte man den Abwärtstrend der SPÖ einfach Werner Faymann in die Schuhe schieben, man konnte ihn auch mit der grassierenden Unzufriedenheit mit einer Großen Koalition erklären, die in den Augen der Bürger nichts mehr weiterbrachte, sich wechselseitig blockierte und sich nur mehr an Ämter und Pfründe klammerte. Aber das wäre alles ein wenig zu simpel gedacht. Denn es war zugleich unübersehbar, dass die Sozialdemokratien und generell die Mitte-Links-Parteien – in ganz Europa, aber auch in den USA – schwere Legitimationskrisen durchmachten. Die französischen Sozialisten boten ja seit Längerem schon ein Bild des Jammers, und die deutschen Sozialdemokraten konnten sich 2013 mit 25,7 Prozent gerade noch als Juniorpartner in eine Große Koalition retten. Die Sozialdemokratien gelten kaum noch als energetische Reformparteien, die so etwas wie politische Hoffnungen mobilisieren.

EINE BOTSCHAFT VON HOPE & CHANGE

Zugleich gibt es in Europa aber auch progressive Parteien verschiedener Spielarten, die Erfolge feiern konnten. Das können explizite Linksparteien wie Syriza in Griechenland sein, die die Sozialdemokratie als führende Kraft des Mitte-Links-Lagers abgelöst haben. Nicht ganz unähnlich ist die Lage in Spanien. Etwas anders stellt sich die Situation der britischen Labour-Partei dar, die in der Opposition nach links rückte und den etwas biederen, aber dafür glaubwürdigen Jeremy Corbyn zu ihrem Vorsitzenden wählte – und im Zuge dessen viele neue junge Mitglieder gewann. Ebenso interessant ist das Beispiel der USA, wo Bernie Sanders, der sich selbst als Sozialist bezeichnet, fast die Vorwahlen für die Präsidentschaftskandidatur für sich entschieden hätte – und eine Identifikationsfigur für viele junge Leute darstellte, die sich erstmals in ihrem Leben für Politik begeisterten. Wieder ein anderes Beispiel ist der liberale Premierminister Kanadas, Justin Trudeau, der mit jugendlichem Gestus und unkonventioneller Politik viele Menschen begeistert. Und auch der italienische Premier Matteo Renzi, der kurzzeitig als unideologischer, energetischer Reformer der Mitte erschien, ist eine Referenzfigur. Gewiss kann man sich fragen, ob irgendeines dieser Beispiele als Vorbild für die österreichische Situation gelten kann. Bei allen – außer Trudeau und Renzi – handelt es sich um pronocierte Linkspolitiker, die entweder unter sehr speziellen Bedingungen an die Regierung gelangt sind (wie etwa Alexis Tsipras und seine griechische Syriza-Partei), oder, wie Sanders und Corbyn, durchaus interessante Oppositionsphänomene darstellen, die aber bisher und bis auf Weiteres wohl eher nicht in die Regierung kommen werden.

Aber doch gibt es einiges, was man von diesen Bewegungen lernen kann. Schließlich ist die Links-Rechts-Achse nicht das einzige Unterscheidungskriterium im politischen Leben. Was alle diese verschiedenen Bewegungen verbindet, sind, völlig unabhängig von ihrer Positionierung auf der Links-Rechts-Achse, eine Reihe von Charakteristika: Ihre Protagonisten versprechen die Erneuerung eines verkrusteten politischen Systems. Ihre Protagonisten haben hohe Glaubwürdigkeit, weil niemand – auch jene, die ihre Meinungen nicht teilen – daran zweifelt, dass sie zu ihren Werten stehen. Sie alle kommen von jenseits des politischen Establishments, entweder von außen, aus der Opposition, oder vom Rande der routinierten Berufspolitik. Sie sprechen Klartext, eine gut verständliche Sprache, und haben deutliche Botschaften, sodass ihnen von ihren Gegnern vorgeworfen wird, sie seien »linke Populisten«. Sie strahlen nicht nur oppositionelles Dagegensein aus, und schon gar nicht ist ihre Botschaft eine der Verzagtheit (»wählt uns, um das Schlimmste zu verhindern«), wofür sich beim besten Willen niemand begeistern kann, sondern sie haben eine Art positiver Zukunftsbotschaft. Diese Parteien und Protagonisten verdanken ihren Erfolg also weniger ihrer konkreten Programmatik, sondern dem Image, dass sie zu ihren Werten stehen, dass sie es ehrlich meinen, auch der Botschaft, dass sie aus dem üblichen Spiel der ›Berufspolitik‹ ausbrechen und eine Botschaft der positiven Veränderung vermitteln wollen. Und dass sie nicht das jargonhafte Kauderwelsch der politischen Klasse sprechen, das niemand mehr hören kann. Nicht zuletzt stehen sie auch für eine demokratische Öffnung und Modernisierung ihrer eigenen Parteien.

Es sind diese Phänomene, mit denen Kern sich in jenen Tagen beschäftigt – und über die er grübelt. Was von all dem taugt als Vorbild – und was nicht? Natürlich ist es beeindruckend, wenn eine Graswurzelkampagne, wie die von Bernie Sanders, die amerikanischen Demokraten aufmischt, aber kann man solche Energien und eine vergleichbare politische Begeisterung auch mobilisieren, wenn man als neuer Kanzler in eine Große Koalition einzieht, mit ihren Sachzwängen und ihrer Notwendigkeit, kleinliche Kompromisse zu schließen – und noch dazu in dem politischen Klima Österreichs? Auf welche Widerstände stößt man, wenn man eine grau gewordene Apparatpartei wie die SPÖ reformieren will? Muss man nicht auf zu viele Machtzentren innerhalb der Partei Rücksicht nehmen?

Noch macht sich Kern diese Gedanken hinter verschlossenen Türen. Ihm ist klar, dass er weder für ein undefiniertes »Weiter so« stehen will, noch für ein dünnes, pragmatisches Süppchen des »technokratischen Regierens in einer entpolitisierten Mitte«, wo man versucht, es allen recht zu machen. »Wir müssen eine akzentuiertere sozialdemokratische Politik machen«, ist Kern überzeugt. Noch hat er keinen einzigen Satz in der Öffentlichkeit gesagt. Er achtet sogar darauf, in diesen Tagen jede Situation zu vermeiden, in der er einem eingeschalteten Mikrofon begegnen könnte. Bei einem Termin im Wiener Rathaus mit den Landesvorsitzenden schleicht sich Kern durch den Hinterausgang davon. Schließlich wäre es mehr als nur eine Unhöflichkeit, es wäre ein Bruch demokratischer Usancen, sich schon öffentlich als Kanzler aufzuspielen, noch bevor man im Parteivorstand offiziell nominiert worden ist und bevor man einen Termin beim Bundespräsidenten für die Angelobung hat.

Dienstagvormittag dann ist der große Moment. Kern stellt sich dem Vorstand seiner Partei und wird mit nur einer Gegenstimme als Kanzler und Parteivorsitzender vorgeschlagen. Danach tritt er erstmals vor die Presse. Er hat sich all die Gedanken, Überlegungen, Sätze, Botschaften und Konzepte durch den Kopf gehen lassen, die er oder die Unterstützer dieser ersten Stunden in den vergangenen Tagen erarbeitet, hingefetzt und wieder verworfen haben. Aber ein fertiges Redekonzept konnte er nicht mehr entwerfen. Im Büro des SPÖ-Klubobmanns schmiert er in den letzten Momenten vor seiner Präsentation ein paar Sätze auf einen abgerissenen Zettel. Er notiert sich ein paar Wendungen. »Bei meiner ersten Rede als Klassensprecher war ich besser vorbereitet«, sagt er noch im Scherz – dann geht er die paar Gänge im Parlament zu dem viel zu kleinen Besprechungssaal, in dem die Fernsehstationen einen Wald von Kameras aufgebaut haben.

»Diese Rituale, diese Sprache, dieses Erscheinungsbild, diese Inhalte – oder besser: diese Inhaltslosigkeit –, die sind genau der Antrieb für mich«, sagte Kern, warum er dieses Amt übernehme. »Es ist eine Analyse, die viele in diesem Land teilen, dass, wenn wir so weitermachen – und ich habe dabei besonders die Bundesregierung im Auge, wenn wir dieses Schauspiel der Machtvergessenheit und Machtversessenheit weiter bieten, dann haben wir nur mehr wenige Monate bis zum endgültigen Aufprall. Mir ist es so gegangen wie Ihnen, wenn ich nach jeder Pleite und nach jeder Panne und nach jeder Niederlage gehört habe, ›wir müssen in den Gremien beraten‹, und ›die Menschen da draußen‹, und was weiß ich welche Formeln es da gibt. Mir ist es da genauso gegangen wie Ihnen als Staatsbürger, ich konnte das nicht mehr hören. (…) Unser Plan ist es, die Hoffnung zu nähren, und nicht die Ängste und die Sorgen zu nähren (…) Wir müssen uns öffnen, wir müssen die Fenster aufmachen und frische Luft reinlassen. Die Sozialdemokratie war immer dann erfolgreich, wenn sie sich als Kraft, die für den sozialen Ausgleich, für den Aufstieg der normalen Leute, der einfachen Leute eintritt, und wenn sie sich als Kraft der Modernisierung und als Kraft der Demokratisierung verstanden hat. Keine Sorge, ich will Konzepte von

Corbyn, Sanders & Co. nicht abkupfern, aber wir können von diesen Bewegungen lernen, was man erreichen kann, wenn man die Menschen einlädt, ein Stück des Weges mitzugehen, und wenn man ihre Meinungen ernst nimmt. Wenn wir jetzt nicht verstanden haben, dass das unsere letzte Chance ist, dann werden diese beiden Großparteien von der Bildfläche verschwinden und das wahrscheinlich völlig zu Recht.«

Zwei Tage später hält er das erste Mal eine Regierungserklärung im Parlament. Der Kanzler spricht im Parlament direkt von der Regierungsbank aus, nur dass er steht, statt zu sitzen. Er hat nicht wirklich Platz, zwischen dem Tisch und der erhöhten Bank im Rücken, über der die Parlamentspräsidentin thront, sind gerade ein paar Zentimeter. Ein Pult, auf dem man seine Notizen ablegen oder sich einfach festhalten könnte, hat der Kanzler keines. »Ich glaube, dass wir eine deutlich akzentuiertere Politik betreiben werden müssen. Wir müssen klarmachen, wofür wir stehen«, sagt er. »Denn eines habe ich auch verstanden: Menschen brennen nicht für Kompromisse, sie brennen für Grundsätze und Haltungen. (…) Im Jahr 2016 bedeutet keine Visionen haben, dass derjenige, der keine Visionen hat, tatsächlich einen Arzt braucht.« Kern nimmt erstmals das Wort »New Deal« in den Mund, eine klare Reverenz gegenüber dem legendären progressiven Reformprogramm von Franklin D. Roosevelt in den USA der dreißiger Jahre. »Ich will in einer Gesellschaft leben, in der alle Kinder faire und möglichst gerechte Chancen haben. In der du nicht schon zum Verlierer gestempelt bist, weil du im falschen Stadtteil aufwächst, weil du einen falschen Vornamen hast, oder weil deine Eltern nicht in der Lage sind, dich ausreichend zu fördern. Ich will in einem Land leben, in dem nicht nur eine kleine Minderheit von der Wohlstandsentwicklung profitiert und alle anderen schauen müssen, wo sie bleiben, wie sie am Arbeitsmarkt, am Wohnungsmarkt zurechtkommen und wo sie sich nicht auf die Solidarität der Gesellschaft und auf ein System und Netz der sozialen Sicherheit verlassen können.« Schließlich nimmt Kern auch noch eine Anleihe bei Robert Kennedys berühmter Rede: »Am Ende des Tages ist es selten so, dass einzelne Personen, auch nicht hier auf dieser Regierungsbank, die Geschichte bewegen können. Am Ende ist es die Vielzahl des Engagements von Einzelnen, das die Geschichte prägt.«

Es ist gerade erst eine Woche vergangen, seitdem sich der bunte Haufen Unterstützer in Kerns ÖBB-Vorstandsbüro getroffen hat. Gerade zwei Tage ist es her, dass Kern erstmals öffentlich gesprochen hat. Nicht wenige Beobachter haben einen Technokraten erwartet und reiben sich jetzt die Augen: Da steht einer und redet von »Visionen«, von einer Akzentuierung der politischen Konzepte und von »Grundsätzen«.

In den Sozialen Medien brechen Begeisterungsstürme los. »Yes We Kern« ist der Slogan dieser Tage.

Schon ein paar Monate zuvor, als Kern als ÖBB-Chef souverän und eloquent während der Hochphase der Flüchtlingswelle agierte – und dafür teils begeisterten Zuspruch erhielt –, hatte das »profil« über ihn geschrieben: »Im Grunde spiegelt sein momentaner überhöhter Superhelden-Status nur die weitverbreitete Sehnsucht wider, endlich wieder einmal jemanden klasse zu finden.«

Gerade weil so viel Verdruss über die Spielchen und Kleinlichkeiten der Berufspolitik herrscht, fliegen Kern in diesen Tagen die Herzen zu – einfach, weil er völlig ungewohnte Töne anschlägt. »All das war ziemlich aus der Hüfte geschossen«, wird Kern später sagen. »So wurde wohl noch nie eine Regierungserklärung gehalten. Wirklich ein Kickstart.«

2. KAPITEL

EINE JUGEND IN SIMMERING

Dezember, 2016. Christian Kern lehnt an der Fensterbank in seinem Büro in der SPÖ-Parteizentrale in der Löwelstraße, das er vor einigen Monaten bezogen hat. Gerade hat er eigenhändig einen Nagel in die Wand geschlagen und ein Bild des zeitgenössischen österreichischen Malers Hubert Scheibl aufgehängt. »Nur nicht nahe kommen«, sagt er: »Das Bild wiegt zehn, fünfzehn Kilo und ich hab' nur einen dünnen Nagel gefunden.« Auf der gegenüberliegenden Wand befindet sich die Ahnengalerie der Vorgänger von Kern als Parteivorsitzende. Victor Adler, Karl Seitz, Bruno Kreisky, Franz Vranitzky und die anderen – legendäre oder zumindest allseits respektierte Anführer der Sozialdemokratie. Die meisten Porträts mit ernstem, nachdenklichem Blick. Wir reden über Mut. Ich erzähle von einem Buch aus dem Umfeld der Bernie-Sanders-Kampagne, in dem der schöne Satz steht, man müsse mutige, große Ziele formulieren und einen klaren Plan haben, wie man diese Ziele realisiert. Nur dann kann man heute noch Menschen dazu bewegen, sich politisch zu engagieren. Ist ja auch klar: Wer will schon seine kostbare Zeit für kleine Ziele opfern – wenn, dann für große Ziele, die das Engagement wert sind. Eigentlich muss man sagen: Mutlosigkeit zu zeigen, wäre heute wirklich mutig. Denn wenn man mutlos ist, dann ist von vornherein klar, dass man scheitern wird.

»Interessant, dass die das so formulieren. Denn das habe ich auch oft gesagt, etwa bei den ÖBB«, nimmt Kern den Ball auf. »Es haben ja oft Leute zu mir gesagt: Wow, dieses oder jenes ›war jetzt mutig‹. Aber ich habe dann immer erwidert: ›Nein, das war gar nicht mutig. Das war purer Pragmatismus. Alles andere hätte nicht funktioniert.‹«

Aber wie funktioniert eigentlich Christian Kern? Blättert man die Untersuchungen der Meinungsforschungsinstitute durch, dann haben die Österreicher und Österreicherinnen ein positives Bild von ihrem Kanzler, aber auch recht konkrete Vorstellungen von ihm – man könnte auch sagen: Projektionen. Glaubwürdig, authentisch, seriös, versteht etwas von Wirtschaft, er spricht offen und hat eine klare Vorstellung, wo es langgehen soll, sympathisch – das ist ein Teil der Antworten, die man bekommt. Ein kluger Anführer, auf den man sich verlassen kann. Einer, der zumindest nicht zu allem ›Ja‹ sagt, wenn es ihm gegen den Strich geht oder seinen Werten widerspricht. Aber die gleichen Leute halten ihn auch für distanziert, kühl und unnahbar. Immer freundlich, aber immer auch kontrolliert. Kopfmensch, nicht Kumpel. Keiner, der aus der Rolle fällt. Schulterklopfer, ›Einer von uns‹ – das ist Kern für die Leute eher nicht.

»Er war immer der Fleißigste, Belesenste und der Gescheiteste von uns allen«, erzählt ein langjähriger Weggefährte, der Kern noch aus den Tagen des sozialistischen Studentenverbands kennt. »Ja, er ist distanziert«, sagt Maria Maltschnig, die mit Kern ins Kanzleramt übersiedelte, im Herbst dann aber zur Direktorin des Renner-Instituts, der sozialdemokratischen Parteiakademie, ernannt wurde. »Er ist ein irrsinnig kontrollierter Mensch, konsequent und diszipliniert. Das betrifft jede Gefühlsregung, aber auch den Sport.«

Fleiß und Kontrolliertheit – das sind die Vokabel, die schnell fallen, wenn man sich mit Leuten über Kern unterhält. Weniger freundliche Vokabel sind dann schon zielstrebig und ehrgeizig. Auch wenn man ihn jahrelang und näher kennt, bleibt da immer so ein unerklärbarer Rest, wie das nicht selten ist bei Menschen, die sich sichtbar stets unter Kontrolle haben; sodass man sich unwillkürlich bei der Frage ertappt: Wie ist der *wirklich*?

»DAS BESTE AM GENIE IST FLEISS.«

Originalität und überraschende Gedanken oder gar Erfolge, das sind jedenfalls für Christian Kern nicht Dinge, die plötzlich über einen kommen, bloß weil man ein talentierter oder unkonventioneller Kopf ist. Ich erinnere mich, wie begeistert er einmal war, als ich ein paar Zitate des sozialdemokratischen Parteiführers Victor Adler ausgrub. Am meisten begeistert war er von der Adlerschen Formulierung: »Das Beste am Genie ist Fleiß.« Eines der Lieblingsworte Adlers übrigens, der es immer wieder benützte. Damit man etwas erreichen kann, wovon die Leute später sagen, das sei genial, muss man viele Jahre harter, intensiver und fleißiger Arbeit investieren – das war Adlers Lebensmotto. Vereinfacht gesagt: Die Überzeugung, dass einem nichts in den Schoß fällt. Adler hat die österreichische Sozialdemokratie auf geniale Weise geeint, sicherlich –, aber er hat vor allem Tag und Nacht dafür gearbeitet. Es ist bestimmt kein Zufall, dass Kern unter den vielen großartigen Wendungen Adlers gerade diese als besonders wichtig empfindet. Dass es keine reine Inspiration gibt, sondern dass diese eine Folge von

Fleiß und Hartnäckigkeit ist, das ist ein Gedanke, in dem er sich wiederfindet.

»Ist Management eigentlich eine Frage von Kreativität?«, frage ich ihn.

»Total«, antwortet Kern. »Aber leider nicht jene Kreativität, die dich wie die Muse küsst, während du faul am Sofa liegst. Kreativität ist eine Funktion von Wissen, eine Konsequenz von Wissen, und das erarbeitest du dir in vielen, vielen Stunden. Kreativ kannst du nur sein, wenn du möglichst viele Punkte erkennst, wenn du dir gewissermaßen eine Landkarte zu zeichnen verstehst, und die Verbindungen, die sich daraus ergeben. Das ist die Kreativarbeit eines guten Managers. Oder anders gesagt: Das macht den Unterschied zwischen einem guten Manager und einem nicht so guten Manager aus. Es gibt Manager, die sagen, ich muss nur Leute führen können, beschäftige mich ein wenig mit Strategie, und um die Details sollen sich die Fachkräfte und Abteilungsleiter kümmern. Aber für mich ist immer klar, ich kann keine Strategie entwickeln, wenn ich nicht alle Details verstehe. Deshalb will ich immer wissen: Was geht genau vor?«

Unser Gespräch dreht sich um Kerns Arbeit als Manager, erst im Verbundkonzern, dann bei den ÖBB. Aber es ist natürlich sonnenklar, dass hier auch eine generelle Lebens- und Arbeitsphilosophie zum Ausdruck kommt.

»Mittelmäßige Manager geben eben die paar Stunden nicht, die zusätzlich noch nötig sind, um wirklich gut zu sein. Die investieren diese Arbeit eben nicht. Sie werden selbstgefällig, sitzen im Büro und denken, ich weiß eh schon alles. Aber ein Unternehmen kannst du nicht elegant auf der Kommandobrücke führen. Du musst auch selbst Kohle schippen. Mich hat es immer irritiert, wenn Führungskräfte, egal ob in Politik oder Wirtschaft, sagten, sie hätten die wesentlichen

Infos zu einem Thema gerne auf einer Seite, höchstens einer zweiten. Die Wirklichkeit lässt sich aber in vielen Fällen nicht auf zwei Seiten Papier pressen. Und klar, auch wenn du so arbeitest, wie ich das für richtig halte, dann geht immer noch genug schief. Es gibt immer noch genug Situationen, wo du nach Gefühl und Emotion entscheiden musst. Aber ich bin schon der Meinung: Wenn schon irren, dann wohlüberlegt und wohlinformiert irren, und nicht einfach wo reinstolpern.«

»Wie lässt du los?«, frage ich ihn. »Schon mal ausgebrochen? Nie Hippie gewesen?«

»Never! Ich war immer der Calvinist«, erzählt Kern. »Die Phase, wo die Leute Partys feiern, auf den Putz hauen, die Sau rauslassen – die hatte ich nie. Ich glaub, ich habe zweimal in meiner Jugend durchgemacht, einmal zu Silvester, einmal nach der Matura. Sonst nie...« Ich mache ein verwundertes Gesicht. »Jetzt schaust du entsetzt!«, lacht Kern.

»Ist das eine Krankheit?«, frage ich lachend zurück.

»Ich kann's dir nicht sagen. Aber das Mörder-Party-Animal war ich nie. Und das ging ja auch nicht, da ich ja sehr früh Vater geworden bin, und da fehlt dann einfach die Zeit.«

Abschalten, auf ganz andere Gedanken kommen – das heißt für Kern Musik hören, Ohrstöpsel rein, Depeche Mode oder Coldplay anstellen, noch mehr aber Sport betreiben. »Vier Stunden Tennis spielen, sich dann aufs Rad setzen und von Großenzersdorf nach Hainburg zum Braunsberg fahren und wieder zurück – das sind meine Exzesse. Voller Karacho, das ist der Normalfall. Wenn andere sagen: Bist du deppert, das tu ich mir nicht mehr an – da sag ich: ›Geht schon.‹ Etwa beim Mountainbiken. Du steigst nicht ab, bis du oben bist.«

ALS ARBEITERKIND IN SIMMERING

Simmering, Kaiser-Ebersdorfer Straße. Hier ist Christian Kern in den sechziger und siebziger Jahren aufgewachsen, in einem schmucklosen Neubau, im Krieg zerstört, Ende der sechziger Jahre wiederaufgebaut. Es ist bis heute eine seltsame Wohngegend. Neue Häuser, Gemeindebauten und vorstädtische, fast dörfliche, einstöckige Häuser sind ohne jeden Plan nebeneinander gewachsen. Als Rudolf und Lieselotte Kern mit ihren Kindern, dem kleinen Sohn und der älteren Tochter Andrea, einziehen, wuchert die Stadt gerade hierher und verwandelt das Dorf in einen seltsamen Hybriden aus Stadt und Land. Eine Ecke weiter, in der Florian-Hedorfer-Straße, geht Kern in die Volksschule. Eine der damals modernen Rundturnhallen wird neben der Schule gebaut. Manche der Vorstadthäuser in der Umgebung stammen noch aus dem 19. Jahrhundert. Zugleich wird Gemeindebau nach Gemeindebau hochgezogen. Die Kleingartensiedlung Simmeringer Haide ist nur einen Steinwurf entfernt, dahinter bläst das Biomassekraftwerk in der Heidequergasse seine Rauchschwaden in die Luft. Der Bub und die große Schwester beziehen ein gemeinsames Kinderzimmer. Auf dem großen, altmodischen Magnet-Tonbandgerät der Schwester läuft der Sound der Zeit: ›Brown Sugar‹ von den Stones. Der Junge spielt mit Spielzeugindianern. »Die Figuren habe ich dann auf die großen Rollen von dem Tonband gestellt«, erzählt Kern lachend. »Die haben sich dann ganz toll gedreht.«

Ein Arbeiterbezirk, eine Gegend für kleine Angestellte und Kleingewerbe. Draußen bei der Simmeringer Hauptstraße liegt der Zentralfriedhof. Über dem Bezirk hängen oft die stinkenden Schwefelwolken der Raffinerie der ÖMV. Noch im Morgengrauen, in der Finsternis, schieben sich die ÖMV-ler in langen Autolawinen oder mit dem werkseigenen Bus zur

Morgenschicht. Es sind die späten sechziger und die frühen siebziger Jahre. Auf die Armut der Nachkriegszeit folgen Wiederaufbau und Wirtschaftswunder. Die Sozialdemokratie ist nicht nur die alles bestimmende Kraft in Wien, gerade in Bezirken wie Simmering ist »die Partei« ein Netzwerk, das das Leben strukturiert – in den kleinen Vierteln, im Gemeindebau. Aber eine proletarische Idylle ist das alles natürlich bestenfalls in der verklärten Rückschau. Auch die Welt der Arbeiter und kleinen Angestellten ist geprägt von Konventionen. Die Leute leben eher konservativ, auch wenn sie sozialdemokratisch wählen. Man ist achtsam darauf bedacht, nicht aus der Reihe zu tanzen, denn: »Was sollen denn die Leute denken?« Das sind die üblichen Sprüche. Und die Parteifunktionäre führen sich ein wenig auf wie die Obrigkeit. Christian Kern wächst in dieser Welt auf. In einer ganz normalen Familie. Und normal hieß damals: Man lebt in bescheidenen Verhältnissen, aber man weiß, dass es jedes Jahr besser wird. Man weiß, dass ein Aufstieg möglich ist, dass man es zu etwas bringen kann, wenn man sich anstrengt. Und man weiß, dass Bildung der Schlüssel zum Aufstieg ist. In diesen Familien aus der unteren Mittelschicht oder der Arbeiterklasse ist es eine Selbstverständlichkeit, dass die Kinder etwas erreichen werden, was die Eltern noch nicht erreicht haben.

Das ist das Versprechen der SPÖ von Bruno Kreisky. Aber es ist mehr als das: Es ist einfach die Erfahrung dieser Jahre.

Christian Kerns Vater ist Arbeiter, aber nicht in einem großen Industrieunternehmen, sondern in einem kleinen Installationsbetrieb. »Mein Vater hat Elektriker gelernt, meine Mutter hat eine Handelsschule besucht«, erzählt Kern. »Mein Vater hat Waschmaschinen verkauft und repariert und ist durch ganz Österreich getingelt. Meine Mutter war Sekretärin, bei SKF und bei Nivea. Dann haben sie ihr eigenes Geschäft gegründet, ein Milchgeschäft im zehnten Bezirk. Das haben sie gemeinsam geführt. Danach hat mein Vater eine Taxilizenz erworben und ist Taxi gefahren. Damit hat er das Familieneinkommen bestritten. Die Mama ist dann zu Hause geblieben« und hat sich um den kleinen Sohn und die zehn Jahre ältere Schwester gekümmert.

War die Kultur, in der Christian Kern aufwuchs, eher eine proletarische oder eher die eines Kleinunternehmertums? Wer in diesen vorstädtischen Milieus der späten sechziger und frühen siebziger Jahre groß wurde, der weiß, dass diese Welten durchaus aus verschiedenen Milieus bestanden. Wenig Geld im Familienbudget hatten alle, aber es war doch ein Unterschied, ob man Lagerarbeiter in einem großen Industriebetrieb war – und damit eingebettet in ein Kollektiv von hunderten Kollegen, mit dem dazugehörigen Gemeinschaftsgeist –, oder Facharbeiter in einer kleinen Drei-Mann-Firma, oder Kleingewerbetreibender oder technischer Angestellter im Büro. Aus den Proletenkindern von gestern waren schon die aufstiegsorientierten Mittelschichten geworden. Kern denkt kurz nach. »Ich würde sagen, es war so eine Art von Hybrid, also eine Mischung aus Arbeiter- und Kleingewerbekultur. Meine Eltern haben immer viel gearbeitet. Sie sind früh aufgestanden und haben ein immenses Arbeitsethos gehabt.«

In der Familie war, wie das damals oft üblich war, »der Papa der gemütliche Typ«. Die Väter rackerten sich in der Arbeit ab, aber wenn sie abends nach Hause kamen, wollten sie nicht auch noch die Kinder erziehen oder sie zum Lernen antreiben. Die Mütter kümmerten sich tagsüber darum, dass aus den Kindern etwas wird. »Meine Mutter war extrem getrieben von Bildung, Bildung, Bildung. Bildung und Schule waren das Wichtigste. Sie hat immer geschaut, dass die Hausaufgaben gemacht werden. Dass ich rausgehe und Fußball spiele, ohne dass vorher die Hausaufgaben gemacht waren, das gab es nie.

Die Mama hat auch sehr darauf geachtet, dass ich lese. Dass Bücher im Haus sind. Ich habe schon früh auch politische Literatur gelesen.«

Rudolf und Lieselotte Kern leben mit ihren zwei Kindern in einer kleinen Drei-Zimmer-Wohnung. Hinter dem Haus spielen die Buben auf einer Wiese Fußball – eine Gstätten, wie man in Wien sagte, die der Hausmeister gelegentlich aus Freundlichkeit mähte. »Ich war ein begeisterter Sportler«, erzählt Kern. Als Teenager spielt er Basketball bei UKJ Tyrolia, Fußball bei Simmering und später Tennis beim Tennisklub in Großenzersdorf. Es ist keine klassische sozialdemokratische Familie, in die Kern hineingeboren wird. »Meine Eltern waren nicht zwingend SPÖ-Wähler.« Als Kind ist Kern bei der Katholischen Jungschar – »das war aber nur eine Episode«, erzählt er –, und eine Zeit lang gehört auch der sonntägliche Kirchgang dazu, »solange ich mich nicht wehren konnte«. Es ist eher eine Welt der Gleichheit und Gemeinschaftlichkeit, die so etwas wie implizite politische Grundhaltungen transportiert, ohne dass darüber viel geredet werden muss. Dass man teilt. Dass man sich um die Leute im Viertel kümmert. Dass man Leute zum Essen einlädt, die noch weniger haben als man selbst. Das war damals beinahe eine Selbstverständlichkeit. Das war die Arbeit am Gemeinwesen, die üblicherweise von den Müttern erledigt wurde – wenn man das so formulieren kann. Auch in Kerns Familie war es die Mutter, erzählt er, »die eine starke soziale Ader gehabt und alte Leute aus der Gegend zum Kaffee oder zum Essen eingeladen hat. Ich werde nie den Herrn Vitasek vergessen, der hat immer die A3-Zigaretten geraucht und davon ganz braune Fingernägel gehabt. Das war ein lieber älterer, verwitweter Herr, den meine Mama immer wieder eingeladen hat. Und andere Leute auch.«

Reich ist die Familie nie. »Aber ich bin sehr privilegiert gewesen. Es gab zwar nicht viel Geld, aber im Übermaß liebevolle Behandlung der Kinder.« Erst als er im Gymnasium als eines von zwei Kindern aus der Klasse finanzielle Unterstützung beantragen muss, um auf den Schulschikurs mitfahren zu können, »ist mir erstmals aufgefallen, dass wir nicht zu den besser Ausgestatteten zählen.«

»War das peinlich?«, frage ich nach.

»Na ja, ich hab' bemerkt, das ist anders als bei den anderen. Es ist mir in Erinnerung geblieben. Also insofern muss es mich schon irgendwie berührt haben.«

Es sind diese kleinen Details, an denen man als Kind merkt, dass die Welt nicht so egalitär ist, wie scheinbar alle tun. Schon in der Volksschule werden die Kinder von Lehrern oder jene, deren Eltern eine große Gärtnerei haben, ein wenig anders behandelt. Vor allem, wenn etwas nicht so gut läuft. »Manchen sah man Fehltritte eher nach als anderen.« In der vierten Volksschulklasse hat Kern lauter Einser, außer im Fach »Deutsch und Schönschreiben« – da reichte es nur für eine Zwei. »Meine Lehrerin hat dann meiner Mutter einen langen Brief geschrieben, dass ich es leider nicht aufs Gymnasium schaffen werde. Die Mama hat dann alles in Bewegung gesetzt, dass es doch klappt. Das sind so Dinge, die man sich merkt, die kränken –, und das führt dann dazu, dass man vielleicht gerade einen besonderen Ehrgeiz in diesen Fächern entwickelt. Als ich dann schon ÖBB-Chef war«, erzählt Kern lachend, »rief mich dann einmal der Portier an, eine ältere Dame sei da, die sagt, sie sei meine Volksschullehrerin. Und sie kam dann hinauf, brachte mir eine Schachtel Makronen und sagte voller Stolz auf ihren einstigen Schüler: ›Ich habe es ja immer schon gewusst, dass aus Ihnen etwas wird.‹ Da hab' ich still in mich hineingeschmunzelt und nichts gesagt.«

In den aufstiegsorientierten Milieus arbeitet man viel, man nimmt wenig ein, und man geht penibel damit um – um sich etwas zu ersparen. »Als der Papa vor ein paar Jahren sehr krank geworden ist, habe ich meiner Mutter geholfen, den Papierkram für die Pflege zu erledigen. Die hatten gemeinsam 1200 Euro Rente. Das heißt, sie haben ein entsprechend niedriges Einkommen gehabt. Aber mit dem Einkommen haben sie sich eine kleine Eigentumswohnung in Simmering erwirtschaftet, und ein kleiner Schrebergarten in Großenzersdorf ging sich auch aus.«

Es herrscht ein Ethos der Sparsamkeit, man dreht jeden Schilling um. »Man leistet sich keinen Luxus. Das Einzige war: Einmal im Jahr sind wir auf Schiurlaub gefahren, ein, zwei Wochen nach Bad Kleinkirchheim, Mitterbach oder Bad Mitterndorf. Man wohnte in einem Pensionszimmer, und abends hat man am Zimmer gegessen. Und einmal im Urlaub, das war der einzige Luxus im Jahr, ging man ins Restaurant. Das war dann der Höhepunkt.« Die Sommer verbringt die Familie im Schrebergarten in Großenzersdorf. »Meinen ersten Auslandsurlaub habe ich mit 18 gemacht, da sind wir im Sommer dann nach Italien gefahren, nach Jesolo.«

POLITISCH UND UNPOLITISCH ZUGLEICH

Es sind Erfahrungen wie die Hilfsbereitschaft der Mutter gegenüber Herrn Vitasek und den anderen Leuten aus dem Viertel, die so etwas wie Werteerziehung, eine Ethik vermitteln, die politisch ist, ohne explizit politisch zu sein. »Mein Vater war ein total unpolitischer Mensch. Aber er hat immer voller Ekel erzählt, wie die Nazis in der Leopoldstadt, wo er aufgewachsen ist, einen auf großer Mann gemacht haben. Der Abschaum, der Abschaum, das waren die Ersten, die bei den Nazis waren. Er hat immer mit Schaudern erzählt, wie dreckig man sich benehmen kann.« Geschichten wie diese sind im Haushalt präsent. »Meine Großmutter war Haushälterin bei einem älteren jüdischen Ehepaar. Und die mussten sich dann nach 1938 auf dem Dachboden verstecken. Meine Mutter, die damals ein kleines Mädchen war, hat diesem Ehepaar dann immer Essen vorbeigebracht. Und sie hat uns sehr oft erzählt, dass eines Tages die Gestapo vor der Tür stand und die Gestapomänner sie mit dem Essen weggescheucht haben. Die beiden Eheleute sind dann deportiert worden. Diese Geschichten haben mich schon sehr geprägt. ›Kümmer dich um andere, schau nicht weg‹ – das war das, was mir vermittelt wurde.«

Seine Teenagerjahre verbringt Kern im Gymnasium Gottschalkgasse. Es sind die späten siebziger, frühen achtziger Jahre, für die jungen Leute ist Bruno Kreisky nicht unbedingt ein Held, auch die Sozialdemokratie übt nicht gerade eine große Anziehungskraft auf aufgeweckte Heranwachsende aus. Die Zeiten haben sich geändert. Österreich ist moderner geworden, nicht zuletzt aufgrund der Kreiskyschen Reformpolitik, aber es ist nicht so, dass man dem langjährigen Bundeskanzler und seiner Regierung dafür ewig dankbar ist. Im Gegenteil: Gerade den jungen Leuten, denen diese Jahre neue Chancen bieten und damit einen Aufstieg ermöglichen, eröffnet sich damit eben auch eine neue Welt, ein weiterer Horizont. Neue Stile setzen sich durch. Auch neue Formen des politischen Engagements. Eine Alternativkultur kommt auf. Nicht weit von Kerns Wohngegend, in der Arena in Sankt Marx, wurde schon in den siebziger Jahren der Schlachthof besetzt – eine neue Art von alternativer Gegenkultur sollte hier eine Heimstatt bekommen, fordern die Besetzer.

Sozialdemokratie – das ist für viele junge Leute einfach reformerisch, lauwarm, nicht radikal genug. Kollektivverträge, Lohnerhöhungen, Gratisschulbücher – das kann doch nicht alles sein, worum es geht im Leben! Auch in den Familien entstehen Generationskonflikte. Die Chancen, die Bildung und damit sozialer Aufstieg bieten, haben genauso wie die Rasanz des gesellschaftlichen Wandels zumeist einen hohen Preis: Die Kinder leben in einer radikal anderen Bedeutungswelt als die Eltern. Oft zieht Sprachlosigkeit in die Familien ein, weil die Kinder die Welt ihrer Eltern spießig und eng finden, und weil umgekehrt die Eltern die neue Welt ihrer Kinder kaum mehr verstehen können. Selten vorher, und auch nachher waren die Lebenswelten der Jungen und der Alten so weit voneinander getrennt wie in den Generationen der zwischen 1960 und 1970 Geborenen.

DIE SIEBZIGER – JAHRE DES AUFBRUCHS

Bei den Kerns ist all das nicht so dramatisch. »Wolltest du aus deiner Welt ausbrechen?«, frage ich. »Gar nicht«, antwortet er. »Das war die perfekte Kinderwelt.« Aber auf seine Weise gerät auch Christian Kern in den Sog der Zeit. Jeder ist schließlich auch ein Kind seiner Zeit. Der 71er, die Straßenbahnlinie, die schnurgerade über den Rennweg bis zur Simmeringer Hauptstraße fährt und beim Zentralfriedhof ihre Schleife zieht, sie verbindet den Stadtrand mit der Innenstadt. In metaphorischerem Sinn ist sie die Verkehrsader, die aus der Vorstadt zur Moderne führt, zu aufregenden Gedanken, zu neuen, kulturellen Eindrücken, zu einer neuen urbanen Lebendigkeit, die vor allem in den frühen achtziger Jahren entsteht.

Schon in der Unterstufe wird Christian Kern einmal Klassensprecher, im Jahr darauf aber nicht mehr. Da übernimmt sein Klassenkollege Wolfgang Trimmel den Job – dem Kern amüsanterweise später wieder begegnen wird –, Trimmel ist seit einigen Jahren Sektionschef im Bundespressedienst, also direkter Mitarbeiter des jeweiligen Bundeskanzlers, und somit seit Mai 2016 auch von Kern. »In der Mitte des Jahres ist die Klasse an mich herangetreten«, erzählt Trimmel, »und hat mir gesagt: du machst das nicht so super, wir wollen wieder, dass der Christian das übernimmt. Er war wahrscheinlich schon damals der konzeptivere Mensch«, lacht Trimmel heute darüber. In der Oberstufe wird Kern dann auch Schulsprecher.

Gerade die Simmeringer SPÖ ist für viele der jungen Leute ein rotes Tuch. »Damals gab es im ganzen Bezirk ein Gymnasium«, erzählt Trimmel. »Für rund 60 000 Einwohner. Von der sozialdemokratischen Bildungspolitik kam wenig in Simmering an. Und die SPÖ Simmering stellte sich auf den Standpunkt – das haben die damals offen ausgesprochen –, ›was brauchen wir mehr Gymnasiasten, die wählen uns dann eh nicht‹. Diese ganze Haltung machte uns damals verrückt – mit denen wollte ich nichts zu tun haben.« Gerade zehn Prozent der Kinder schaffen es in Simmering zu dieser Zeit bis zur Matura. Die Gottschalkgasse ist nicht gerade eine Schule, die Reformpädagogik hochhält. Es herrscht ein konservativer Grundgeist, aber, so Trimmel, »die Stimmung der Zeit, der Zeitgeist, sie waren natürlich aufklärerisch«.

Christian Kerns engster Freundeskreis in der Oberstufe empfindet sich als »anarchistisches Basiskomitee – im Rückblick ein kurioser Spleen«. Über einen linken Buchhändler kommen die jungen Leute in Kontakt mit rebellischen Ideen. Sie lesen Bakunin, Kropotkin und andere Urheber weltrevolutionärer Theorien: »Auch ›Walden – oder vom Leben im Walde‹ von Henry David Thoreau haben wir damals gelesen, dieses berühmte, radikale, antiautoritäre Aussteigerbuch aus dem 19. Jahrhundert.« Aber genauso wird Monat für Monat zum »Rennbahn-Express« gegriffen, der Jugendzeitung, die damals so etwas wie die »Bravo« für die an gesellschaftlichen Themen interessierten Teenager war. »Klar, den musstest du lesen«, erinnert sich Christian Kern. In der Klasse sind es »zwei, drei Schulkollegen, die sich für gesellschaftskritische Themen interessieren«. Der Lehrer für Geschichte und Politische Bildung »hatte einen starken Einfluss. Der kam mit Artikeln aus der Neuen Zürcher Zeitung, wir hielten Referate über die Ausbeutung Lateinamerikas. Eines Tages hatte der Lehrer einen Exilafghanen in die Stunde eingeladen. An den muss ich bis heute immer wieder denken. Der Lehrer brachte viele Leute von außen, das waren prägende Begegnungen.« Filme werden gesehen – etwa der legendäre Streifen »Z – Anatomie eines politischen Mordes« (1968) von Costa-Gavras, der die griechische Militärdiktatur thematisierte und heute ein genrebildender Klassiker des politisch engagierten Kinos ist. »Wenn ich darüber nachdenke, muss ich sagen, der hat einen ganz schönen Einfluss gehabt.« Der Lehrer war von der Grundhaltung eher ein katholischer Bürgerlicher, einer, der diesen »mitfühlenden Ansatz vertreten hat, dass die Welt vor Ungerechtigkeiten strotzt, bei denen man nicht wegsehen darf«.

All das vermischt sich: das Katholisch-Karitative, das Christian Kern noch aus der Jungschar kennt, mit dem Links-Rebellischen. »Es waren Jahre der Auflehnung.« Noch Jahre später, lacht Kern, war diese komische Mixtur tief in ihm drinnen. »Ich kann mich erinnern, da war ich schon bei den sozialistischen Studenten, da hatten wir die linkssozialistische

Widerstandslegende Josef Hindels zu Gast, und ich sage ganz instinktiv ›Grüß Gott‹ zu dem. Da hat er mich angeschaut, das war ja nicht der übliche Gruß in seinen Kreisen.«

Die Teenager saugen all das ein – eher unsortiert und unsystematisch, aber doch konzise genug, um sich als entschiedene Weltverbesserer zu verstehen. Ökologische Themen gewinnen an Brisanz. Erste Bürgerinitiativen entstehen, etwa die gegen die Entsorgungsbetriebe Simmering, die lokale Müllverbrennungsanlage, die die Luft verpestet und asthmakranke Kinder produziert. Kern: »Das war schon wichtig, das war ja ein ernstes Problem.« Die ersten Vorformen der späteren Grünen entstehen, und der junge Christian Kern ist als Gymnasiast einer der lokalen Protagonisten. Er wird Mitbegründer der Alternativen Liste Simmering, und noch als 19-jähriger ist er bei der Gründung der Grünalternativen Liste (GAL) dabei, einer eher linken Grünen-Liste, die bei den Nationalratswahlen 1986 antritt und läppische 6005 Stimmen erreicht.

Aber schon bald verlässt Christian Kern den Orbit der Ökologie- und Alternativbewegung. Er hat Soziologie und Politikwissenschaften inskribiert und nimmt ein Buch zur Hand, das ihm vor Jahren schon der Geschichtelehrer empfohlen hat. »Realisten oder Verräter?« (1976) von Günther Nenning. Nenning war damals ein Zentralgestirn der sozialdemokratischen Gesellschaftskritiker: Journalist vom Brotberuf, Vorsitzender der Journalistengewerkschaft, Chefredakteur des Intellektuellenblattes »Neues Forum«, launig-eloquenter Gastgeber der Fernseh-Talksendung Club 2 – und vor allem der originelle Kopf, den Bruno Kreisky seinerzeit halb herablassend, halb liebevoll »Wurschtel« genannt hatte. Ausgerechnet Nenning, der selbst zum Grünen geworden und 1985 spektakulär aus der SPÖ ausgeschlossen worden war, sollte Kern vom Grünen zum Sozialdemokraten machen. »Das war für mich wirklich ein Schlüsselwerk. Das hat mich damals sehr beeindruckt. Ein toll geschriebenes Buch, jedenfalls habe ich es so in meiner Erinnerung.« Die Revolutionsrhetorik der Linksradikalen sei, schreibt Nenning in dem Buch, ein »Fuchteln mit dem Pappschwert«. In entwickelten, modernen Gesellschaften sind Kapitalismus und Sozialdemokratie aneinandergekettet und der Sozialismus kann nur mit kleinen Schritten verwirklicht werden. »Was man braucht, ist eine *große* Mehrheit.« Radikalinskigetue sei etwas für die bürgerlichen Intellektuellen, bei denen immer erst die Idee vom Sozialismus kommt, der reale Arbeiter aber zweitrangig ist. »Die Arbeiter aber müssen zunächst einmal leben.« Und es ist die menschenfreundliche Sozialdemokratie, die die Lebensbedingungen der Menschen Schritt für Schritt verbessert. »Gelebt werden muss jetzt und heute und nicht erst im künftigen Sozialismus.« Nenning beweist dann noch auf unzähligen Seiten, dass schon der späte Karl Marx kein Revolutionär mehr war, sondern ein sozialdemokratischer Reformist, der auf den »Marsch durch die Institutionen« schwor. »Sanftheit ist Stärke – auch das könnte eine Definition von Sozialdemokratie sein«, formuliert Nenning in dem ihm eigenen, poetisch-kitschigen Stil.

Nenning macht Kern zum Sozialdemokraten. »Das Buch hat mir gezeigt, dass du als ordentlicher Weltveränderungsmensch Sozialdemokrat sein kannst«, erzählt Kern heute. Höchstwahrscheinlich hat Kern freilich in dem Buch primär Argumente für Gedanken gefunden, die schon länger ungeordnet in seinem Kopf herumspukten. »Die Grünen waren mir doch zu abgehoben von den wirklichen Problemen der Menschen. Das habe ich damals begonnen, so zu empfinden, und in Simmering hast du das natürlich auch noch leichter so empfunden.« So verstaubt die Sozialdemokratie auch war, so war sie doch eine große Gemeinschaft, in der auch ganz einfache Leute ihren Platz hatten – und zugleich mächtig genug, um etwas zu bewegen. Als Arbeiterkind aus Simmering hatte Christian Kern doch einen etwas anderen Blick auf die Wirklichkeit, als Bürgerkinder aus Akademikerhaushalten ihn zu jener Zeit haben konnten. Am 1. November 1985 tritt Kern der SPÖ bei, engagiert sich in Simmering in den Jugendorganisationen und auf der Universität bei den sozialistischen Studenten.

Schon damals fällt er mit Charaktereigenschaften auf, die ihm in seiner späteren Karriere hilfreich sein werden. »Er hat einfach eine positive Ausstrahlung. Ich hab' ihn als Sympathikus empfunden, wie man so schön sagt«, erzählt Alfred Gusenbauer über seinen ersten Eindruck von Christian Kern, den er vor dreißig Jahren kennenlernte. Gusenbauer war damals Vorsitzender der Sozialistischen Jugend und ist seit diesen Tagen mit Kern befreundet. Christian Kern hat schon damals einfach eine gewinnende Art, die von manchen später gelegentlich auch als instrumentell angesehen wird, als Fassade und als planmäßiger Versuch, Netzwerke und Bekanntschaften zu knüpfen. Mag sein, dass solche Absichten dann und wann dazukommen, aber diese positive Grundeinstellung entspricht auch tatsächlich Kerns Charakter. »Ich bin ja eine Frohnatur normalerweise«, erzählt Kern. »Wenn ich mir das Bein breche, dann sag ich, du, super, mit einem Bein, kein Problem, macht gar nix. Damit hüpft es sich doch auch ganz prima. Und geht ja wieder vorbei.« Mit dieser Ausstrahlung geht – oder hüpft – Kern durch die Welt. Sie sollte ihm nicht unbedingt zum Schaden gereichen. Er verbreitet gute Stimmung und achtet darauf, nirgendwo anzuecken.

Die siebziger und achtziger Jahre sind auch jene Phase, in der sich die Lebensentwürfe einer ganzen Generation ändern. Wer studiert, der tut das einige Jahre. Aber auch die

Jugendlichen, die eine Lehre machen und früh in den Beruf eintreten, leben sich in ihren Zwanzigern noch ordentlich aus. Man hat wechselnde Beziehungen, bindet sich später. Das Studentenleben hat auch etwas Unernstes: Zielstrebigkeit ist nicht gerade der höchste aller Werte im Junge-Leute-Milieu. Man lässt sich nicht einfach so treiben, aber Zukunftssorgen waren auch nicht sonderlich verbreitet. Man will möglichst viele außergewöhnliche Eindrücke, spektakuläre Erlebnisse und spannende Gedanken aufsaugen, man will lesen und lernen. Wie kann man denn ein kreatives Leben führen, wenn man sich nicht mit tausenden interessanten Phänomenen konfrontiert? Familiengründung? Daran denkt kaum jemand von den damaligen Twentysomethings. Kurzum, es entstehen jene Muster, die Soziologen später unter dem Begriff der »verlängerten Jugend« zusammenfassen werden.

JUNGER VATER – UND JAHRE ALS ALLEINERZIEHER

Christian Kern fällt in dieser Hinsicht aber schnell aus dem Rahmen. Er lernt Karin Wessely kennen, die er früh heiratet, die beiden ziehen zusammen, und bald wird ihr erster Sohn, Nikolaus, geboren. Vater mit 22 – das war in diesen Jahren und diesen Kreisen ziemlich einzigartig und originell. »Während die anderen abends ausgegangen sind, war das bei mir schnell zu Ende«, erzählt Kern. »Babysitter kannst du dir nicht leisten, und ich hatte daran auch kein großes Interesse gehabt. Ich fand das ja großartig, Zeit mit dem Niko zu verbringen.« Bisher hatte Kern sein Geld mit Ferial- und Studentenjobs verdient. Mit Babysitten, beispielsweise. Oder in der Eduscho Kaffeefabrik in Simmering, »da haben wir die Kaffeesäcke auf die LKWs geladen und am Fließband die Deckel auf die Dosen geschraubt«. Oder im Zentrum Simmering, der Einkaufsmall, bei Sport Klepp, »da habe ich im Verkauf gearbeitet und Tennisschläger bespannt«. Damit hatte Kern seine erste Studentenbude in der Simmeringer Hauptstraße finanziert – »28 Quadratmeter, mit Gaskonvektorheizung und Fließwasser von den Wänden«, erzählt er lachend –, später war er mit Wessely in die Reinprechtsdorfer Straße nach Margareten gezogen.

Nach der Geburt des Sohnes wohnt die junge Familie erst in einer kleinen Wohnung in der Reinprechtsdorfer Straße und zieht dann weit draußen nach Favoriten, in einen Gemeindebau hinter dem Erholungsgebiet am Wienerberg. »Wir haben uns aber nach einiger Zeit nicht mehr ganz so gut verstanden, wie das so ist.« Das junge Paar trennt sich. Und Niko bleibt beim Vater. Ein paar Jahre lang bleibt Kern alleinerziehender Vater, versucht Studium, Studentenpolitik, Jobs und die Erziehung seines Sohns unter einen Hut zu bringen. Und die Liebe zu geben, die so ein kleines Kind braucht. »Du schreibst halt dann die Seminararbeiten nachts, wenn das Kind schläft – wie das halt so üblich ist.«

Wir sitzen in Kerns Büro in der SPÖ-Zentrale, Kern erzählt über die junge Familie, über die Entfremdung des jungen Elternpaares, darüber, wie das Kind unter der Trennung gelitten hat, aber auch über seine Mutter und die schwere Krankheit des Vaters, die letzten Minuten am Todesbett des Vaters – über all die schwierigen Momente im Leben, denen man nicht auskommt, und in denen man die Dinge richtig, aber auch verdammt falsch machen kann. Später finden Kern und Wessely wieder zusammen und bekommen zwei weitere Söhne, Simon und Paul, trennen sich wieder – Niko bleibt beim Vater, die zwei jüngeren Buben bei der Mutter. »Weißt du«, sagt er dann, »das ist schon ein Prinzip: Du hast eine Verantwortung im Leben und der hast du dich am Ende zu stellen, auch wenn es nicht bequem ist.« Ein Satz, den man pathetisch vortragen kann, ein Satz auch, der einen gewissen Kitschcharakter hat. Aber Kern sagt ihn mit einer nüchternen Beiläufigkeit, einfach so gelassen dahin. In dem Ton, als sei das doch nun einmal eine Selbstverständlichkeit.

Bei der Hochschülerschaftswahl 1989 ist Kern Spitzenkandidat der sozialistischen Studenten in Wien. Freundschaften entstehen, die bis heute halten: David Mock ist immer mit dabei, der später bei Viktor Klima im Kanzleramt arbeiten wird. Stefan Pöttler, der ein paar Jahre danach in Alfred Gusenbauers Kabinett eine tragende Rolle spielen wird. Alle zwei gehören zu den langjährigen Weggefährten von Kern. Später holt er sie als Mitarbeiter in die ÖBB. Bubenfreundschaften, die Männerseilschaften werden.

Gemeinsam geben die Studentenaktivisten ein Magazin heraus, das »Rotpress«. Kern ist Chefredakteur. In dieser Funktion geht er in die Viehmarktstraße, wo die Landstraßer Hauptstraße in die Simmeringer Hauptstraße übergeht und in diesen Jahren die »Arbeiter-Zeitung« ihre Redaktion hat. Fast hundert Jahre lang war die AZ das Zentralorgan der SPÖ, bis sie in die Unabhängigkeit entlassen wurde und unter dem, vom ORF abgeworbenen Chefredakteur Robert Hochner ein Laboratorium parteifreien, aber linksliberalen Journalismus wurde. Kern soll Hochner interviewen und fragt ihn, ob die verstaubte Apparatpartei SPÖ nicht wie ein Klotz am Bein der neuen Zeitung hänge: »Glauben Sie nicht, dass der sozialdemokratische Stallgeruch … der AZ anhaftet und damit auch ihre Glaubwürdigkeit infrage stellt?« Vielleicht ist das Abenteuer, die »Arbeiter-Zeitung« zu reformieren, ein unmögliches Unternehmen, antwortet Hochner, der seinen Job als Fernsehstar für dieses Abenteuer an den Nagel gehängt hat. Aber, so Hochner: »Das Land braucht gerade Leute, die hin und wieder bereit sind, ihre Existenz aufs Spiel zu setzen.« Nach dem Interview fachsimpeln die beiden noch über Sport. Hochner bietet Kern an, als Sportredakteur in der AZ zu beginnen. Aber nur, wenn der Chefredakteur ihm zusage, dass er nächstes Jahr live von der Tour de France berichten und bei der Königsetappe von Alpe d'Huez vor Ort dabei sein dürfe, erwidert Kern. »Abgemacht«, sagt Hochner.

Gleich danach ruft Kern seinen alten Freund Karl Pachner an. »Stell dir vor, der Hochner hat mir angeboten, bei der AZ anzufangen«, erzählt er Pachner, der eine kleine Nachrichtenagentur, den »Wirtschaftspressedienst«, leitet. »Mach doch keinen Unsinn, Sportredakteur ist doch nichts für dich«, antwortet Pachner. »Wenn du schreiben willst, dann fang doch bei uns an.«

Und so wird Kern Wirtschaftsjournalist.

Doch die Idee, AZ-Redakteur zu werden, hätte Kern schon gereizt. »Der Bruno Kreisky wollte doch auch immer Redakteur der Arbeiter-Zeitung werden. Das war sein Lebensziel«, sagt er.

»Aber doch nicht Sportredakteur«, gebe ich lachend zurück.

»Ich habe mich gegen das Herz und für den Kopf entschieden«, erwidert Kern. Ein Satz, den er noch häufiger sagen wird.

3. KAPITEL

DER FURCHTBARSTE FEIND IST DIE ROUTINE

Als er Bundeskanzler wird, weiß Christian Kern, dass sich sein Leben radikal ändern wird – aber im Grunde hat er vorher keine Ahnung, wie das genau sein wird. Von einem Tag zum anderen hat er keine Herrschaft über seinen Terminkalender mehr, im Halbstundenstakkato stehen Gesprächspartner vor seinem Büro und nicht selten fühlt er sich, als wäre er in einen Wasserfall geraten, in dem man die Orientierung verliert und nicht mehr weiß, wo oben und unten ist. Selbst in den Plattenladen um die Ecke kann er nicht mehr gehen, ohne dass ein Cobra-Polizist ihn bewacht. Er braucht nur einen unpräzisen Halbsatz zu sagen, und schon gibt es einen riesigen medialen Wirbel, und zugleich hat er unzählige Termine im Kalender, die ganze Tage blockieren, aber eben absolviert werden müssen. Wie etwa die Eröffnung des Gotthard-Tunnels, zu der Kern wenige Tage nach seiner Angelobung reiste. Da sitzt er im Flugzeug, dann im Helikopter, dann steht er viele Stunden im Tunnel – und hat nicht einmal Handyempfang. Und kann sicher sein, dass währenddessen wieder irgendeine tagesaktuelle Wichtigkeit geschieht, die heute bedeutend und übermorgen schon wieder vergessen sein wird, und von der alle meinen, dass er sich sofort zu ihr äußern muss. Christian Kern hat seine ersten vier Wochen im Kanzleramt hinter sich, als sich der wichtigste Termin nähert, den man als Sozialdemokrat im Leben haben kann: die Wahl zum Parteivorsitzenden. Der Akt, der ihn in die Fußstapfen von Legenden wie Victor Adler oder Bruno Kreisky stellt.

Es ist Freitag, 24. Juni, kurz nach sechs. Kern und seine Truppe aus Partei und Kanzleramt treffen sich am Messegelände, in der Halle, in der am nächsten Tag der Parteitag stattfinden soll. Generalprobe ist angesagt. Der Kanzler hat letzte Nacht an den Redemanuskripten herumgestrichen, die Bruchstücke aussortiert, und dann alles in seiner eigenen Sprache aufgeschrieben. Die Rede soll eine erste programmatische Linie formulieren, zumindest grob skizzieren, wie die Sozialdemokratie – und die progressiven Kräfte generell – aus der bloßen Verteidigungshaltung herauskommen können. Und zwar sowohl im Rahmen des Nationalstaats, als auch auf europäischer und globaler Ebene. Die Sozialdemokratie soll wieder »zur führenden intellektuellen Kraft werden«, hat sich Kern aufgeschrieben.

Es ist ein wenig eigenartig. Die große Messehalle ist menschenleer. Kern steht verloren auf der Bühne. Rund um ihn eine Handvoll Vertraute, hinter ihm die große Wand mit dem Parteitagsmotto: »Österreich begeistern.« Es ist eine Sache, in einer Arena voller Menschen auf einer Bühne zu stehen – und eine andere, das in einem gähnend leeren Raum zu tun. Kern ist müde, er hat sich eine schwere Verkühlung eingefangen. Er steht auf der Bühne und geht sein Manuskript durch. Seine Mitarbeiter bringen Kräutertee. Es ist nicht gerade die Topform, die man sich am Abend eines wichtigen Tages wünscht. Am nächsten Tag geht es Kern nicht viel besser. Viele werden seine Rede später feiern. Doch Kern ist nervös und auch vom Pathos des Momentes beeindruckt, aber eben vor allem einfach krank. Gegen Ende der Rede kommt Kern zu einer Stelle, die im Mitarbeiter- und Freundeskreis des Kanzlers lange diskutiert worden ist. Eine Passage, der gegenüber der Kanzler eine innere Reserviertheit verspürte, von der er aber dennoch das Gefühl hatte, dass sie womöglich wichtig sei. Aber er ist sich unsicher. Würde sie funktionieren? Würde sie richtig verstanden werden? Oder würde sie vielleicht falsch verstanden werden?

NICHT DIE MENSCHEN – *WIR* HABEN ETWAS FALSCH VERSTANDEN

Der Saal erstarrt in Stille, als Kern mit diesem Abschnitt beginnt, der so etwas wie eine Geschichte erzählt. Sie handelt von den Wählern aus der Arbeiterklasse und der unteren Mittelschicht, die ihr Vertrauen in die Sozialdemokratie verloren haben – oder, schlimmer noch, aus Wut zu Wählern der FPÖ geworden waren, obwohl sie sich doch eigentlich von der FPÖ nichts erhoffen und obwohl sie zu einem erheblichen Teil den FPÖ-Parteichef Heinz-Christian Strache selbst für einen Typen halten, der gern radikale Reden hält, aber von dem man eigentlich nichts Gutes erwarten kann.

»Wenn man sich anschaut, wer diese Wählerinnen und Wähler sind, dann sind das Menschen, die sich selbst oft als die ›kleinen Leute‹ bezeichnen, die hart arbeiten, vielleicht als Paketzusteller. Die wissen, dass ihr Job vielleicht morgen infrage steht. Wo die Frau beim Anker arbeitet, hinter der Kasse steht oder vielleicht sonst wo, die ihre Kinder aufziehen, die am Abend gerne mal ein Bier trinken oder vorm Fernseher sitzen und vielleicht ein-, zweimal im Monat Party machen, in einen Club gehen, in eine Disco gehen. Und die sind der Meinung, ich hab' nichts falsch gemacht in meinem Leben, ich bin okay. Ich hätte gern ein höheres Einkommen, ich hätte natürlich gern eine niedrigere Miete, aber ich bin okay und es passt so, wie ich lebe. Und dann kommen wir und erklären ihnen, du kannst ja alles schaffen. Du musst dich bilden, du musst an dir arbeiten, dann wird das schon werden – oder zumindest aus deinen Kindern kann alles werden. Dann wird's Jahrzehnte dauern und der Aufstieg wird dir gewiss sein. Und wir formulieren ihnen dabei die Botschaft: Du bist eigentlich nicht okay, und die Art und Weise, wie du lebst, passt eigentlich nicht. Und es wäre doch gescheiter, du würdest deinen Kindern am Abend Gedichte vorlesen – und bitte mach ja keine politisch inkorrekten Witze mehr und versteh, dass Multi-Kulti eine super Sache ist. – Und die finden das überheblich. Die finden, wir sind abgehoben. Und dann kommt die FPÖ zu diesen Menschen und sagt: Hey, du bist total okay. Und die Probleme, die du hast, die haben nichts mit dir zu tun, da ist immer jemand anderer schuld. Bleib nur so, wie du bist. – Und die finden, wir sind abgehoben. Und ich bin davon überzeugt, dass wir an der Stelle nicht die Haltung haben dürfen, dass diese Menschen etwas falsch verstanden haben, dass wir bloß unsere Politik besser erklären müssen. Sondern wenn die uns nicht richtig verstehen und nicht akzeptieren, was wir für sie tun können, dann haben möglicherweise wir was falsch verstanden.

Und ich glaube, als ersten Schritt haben wir eines zu tun: Wir sollten den Satz aus unserem Vokabular streichen: ›Wir müssen rausgehen zu den Leuten.‹

Weil natürlich ist das nicht so gemeint, aber es kommt vielleicht herablassend an. Und es ist auch absurd und es ist auch falsch, weil was heißt das, ›wir wollen rausgehen zu den Leuten‹?

Wir sind die Leute! Wir sind die Leute und wir gehören zu diesen Leuten und diese Menschen gehören zu uns.

Wir waren immer die Partei genau dieser Menschen und wir haben mit ihnen Schulter an Schulter Politik zu machen. Wir werden sie nicht der FPÖ überlassen, wir wollen unsere Wählerinnen und Wähler wieder zurück.«

Es ist mucksmäuschenstill während dieser Passage – und dann bricht tosender Applaus los. Es wird an dieser Stelle klar, dass Kern versucht, ohne sich mit rechten Parolen anzubiedern, wieder so etwas wie einen emotionalen Faden zu jenen ehemaligen SPÖ-Anhängern herzustellen, die verloren gegangen sind – oder im Extremfall sogar zur FPÖ übergelaufen sind. Zu den Enttäuschten, auch zu den Wütenden. Klar, fürs Erste ist das Rhetorik, ein paar Absätze in einer Parteitagsrede, aber die Botschaft ist klar: Wenn diese Leute, in Kerns Heimatbezirk Simmering und anderswo, das Gefühl haben, die Sozialdemokratien interessieren sich nicht mehr für sie, wenn diese Leute sich für Vergessene halten – dann ist das nicht ein Irrtum dieser Leute, sondern dann hat die Sozialdemokratie etwas falsch gemacht. »Wir haben verstanden«, so in etwa, lautet die implizite Botschaft.

KERNS FÜNF GROSSE BAUSTELLEN

Kern übernimmt eine wackelige Hütte, in der es an allen Ecken und Enden zieht und klappert. Das, was man salopp die »Krise der Sozialdemokratie« nennen könnte, hat ja nicht nur eine Ursache – es hat eine Vielzahl von Ursachen. Die Krise ist multikausal, wie man das im Politologenjargon sagt.

Da ist zunächst einmal die Routine, die jede Bewegung erfasst, wenn sie nur lange genug existiert und vor allem lange genug regiert. »Unser eigentlicher Feind, unser furchtbarster Feind, den wir ausrotten müssen, wenn er sich einschleicht, ist die Routine«, hatte Victor Adler schon vor 130 Jahren geschrieben – und da war die Sozialdemokratie noch in ihren frischen Jugendtagen. Routine führt zunächst einmal dazu, dass man die Dinge so tut, wie man sie immer schon getan hat – und auf neue Umstände nicht mehr angemessen reagiert. Dauer, Machtaufbau und Routine führen auch zur Entstehung eines Parteiapparats, aus dem dann langsam alles Leben entweicht und dessen Protagonisten, die Apparatschiks, im schlimmsten Falle auch alle Irritationen, alle unkonventionellen Ideen und Geister abschrecken oder sogar aktiv wegbeißen. Es bildet sich eine Funktionärsschicht, die ins System verstrickt ist und nur mehr an ihren Posten hängt. »Mit der Zeit liebt jeder Funktionär seine Funktion mehr als die Menschen, für die er funktionieren soll«, hat einmal ein kluger Kopf gesagt. Es entsteht aber nicht nur eine Funktionärsschicht aus Profi-Politikern, diese formen auch eine eigene soziale Schicht, die Nachschub nur mehr aus ihren eigenen Reihen aufzieht. Gerade der Aufstieg, den die Sozialdemokratie für die Arbeiterklasse von gestern erkämpft hat, erweist sich dabei auch ein wenig als Fluch: Es entsteht eine Mittelschichtssozialdemokratie, die sich aus Akademikern, Lehrern, gut ausgebildeten Jungen rekrutiert, die selbst aber kaum mehr Verbindungen zu den wirklichen Vertretern der Arbeiterklasse und der mittleren Unterschicht hat. Je unattraktiver die Sozialdemokratie wird, umso weniger Leute tun es sich an, mit ihren Kompetenzen die Partei zu unterstützen. Es fehlt an qualifiziertem Personal und auch immer mehr an mutigen, originellen Konzepten. Wenn die Routine in eine Partei einzieht, dann verschwindet zugleich ja auch das Brummende, das Lebendige. Die Partei wirkt dann einfach von gestern – unmodern.

Problem zwei: Über einige Jahrzehnte hat sich die Sozialdemokratie an den wirtschaftsliberalen Mainstream angepasst.

Die neoliberale Dominanz hat ja seit den achtziger Jahren dazu geführt, dass die Sozialdemokraten ihren eigenen wirtschafts- und sozialpolitischen Konzeptionen zu misstrauen begannen. Ob Gleichheit wirklich ein erstrebenswertes Ideal ist, war man sich nicht mehr so sicher und übersah, dass neue, krasse Ungleichheiten entstanden, die nicht nur niemand mehr bekämpfte – sondern die sogar als irgendwie funktional, also als nützlich für eine prosperierende, ökonomische Entwicklung angesehen wurden.

Globalisierung und internationaler Freihandel werden als Modernisierungs- und Fortschrittsturbos gesehen, aber welche Kosten sie einem Teil der Bevölkerung aufbürden, wurde lange ignoriert. Als dann der Turbo-Kapitalismus, an dessen Deregulierung die Sozialdemokraten und andere progressive Parteien selbst mitwirkten, 2008 in eine schwere Krise geriet, hatte die Sozialdemokratie keine Alternativkonzepte zur Hand und wirkte zudem als Mitverursacherin nicht gerade glaubwürdig, wenn sie diesen wild gewordenen Manchesterkapitalismus anprangerte. In die Lebenslagen breiter Bevölkerungsschichten schleicht sich immer mehr Unsicherheit ein. Die Reallöhne der unteren und mittleren Einkommensbezieher stagnieren, die Arbeitslosigkeit steigt, der Wohlstand wird immer weniger fair verteilt. Aber es hält auch eine weniger messbare Unsicherheit Einzug: Dass es stetig aufwärts geht, diese Gewissheit ist für die meisten Leute dahin, und sie spüren, dass sie auf immer dünnerem Eis agieren.

Problem drei: Massenmigration führt bei vielen Menschen dazu, dass sich ihre Wohnviertel, aber auch ihr ganzer Alltag, die Arbeitswelten, die Schulen, verändern und sie sich in einem immer stärkeren Konkurrenzkampf sehen. Gerade zu einem Zeitpunkt, zu dem sie ohnedies das Gefühl haben, dass Sicherheiten aus ihrem Leben verschwinden, verstärkt das noch ihr Unsicherheitsgefühl – besonders, wenn es politische Agitatoren gibt, die erklären, dass die Ausländer an allen Problemen schuld seien. Populistische Demagogen schlagen aus all diesen Problemen, aus der Wut und der Angst der Menschen, Kapital – und schaffen damit ein Klima, in dem die Sozialdemokraten erst recht nicht mehr wissen, welche Antworten sie geben sollen. Die sozialdemokratischen Parteien verlieren angesichts der neuen Konkurrenz von rechts noch einmal an Zustimmung, sie schrumpfen und haben damit noch weniger Einfluss, verlieren dadurch wieder an Selbstbewusstsein und Zuversicht. Sie kapseln sich in einer Verteidigungsposition ein – und werden erst recht unattraktiv.

Problem vier: Gerade in Österreich führte das in den vergangenen dreißig Jahren dazu, dass es eigentlich nur zwei Möglichkeiten des Regierens gibt: Entweder man beteiligt die Radaudemagogen an der Regierung, oder man hat zwangsläufig eine ewige, dafür immer weiter schrumpfende Große Koalition aus SPÖ und ÖVP – aus zwei Parteien, die sich eigentlich kaum mehr riechen können und die in den Augen vieler Bürger nur mehr ein Regierungskartell bilden, das nichts mehr umsetzen kann.

Problem fünf: Als wäre all das nicht genug, hat man eine Europäische Union gegründet, in der vieles nur mehr gemeinsam geregelt werden kann, deren Institutionen aber so zugeschnitten sind, dass mutige Kurswechsel kaum möglich sind. Es gibt eine gemeinsame Währung, den Euro, die aber ohne eine gemeinsame Wirtschaftspolitik nicht funktionieren kann, und zugleich ist die EU praktisch nicht mehr in der Lage, ihre Institutionen zukunftsfit zu machen.

Das sind, äußerst grob und krass verkürzt, die Probleme, vor denen Christian Kern steht, als er die SPÖ übernimmt – und mit Sicherheit könnte man noch weitere Probleme dieser Art hinzufügen.

»Kurt Tucholsky hat einmal einen Satz von der Art gesagt: ›Die Leute wissen es vielleicht nicht, aber sie spüren es.‹ Und das ist richtig. Die Strukturen haben 60 Jahre lang funktioniert. Aber das tun sie nicht mehr. Die Leute spüren, dass sich eine politische Klasse eingerichtet hat, die nicht mehr gestaltet, sondern nur mehr ein Spielball ist«, sagt Kern. Wir sitzen in seiner Wohnung, nach einem langen Kanzlerarbeitstag, und Kern holt eine Flasche Rotwein aus dem Regal. »Ich hab den Vorteil, ein gutes Gedächtnis zu haben, aber leider nicht beim Wein. Da unterscheide ich, anders als einige meiner Vorgänger, grad zwischen rot und weiß und zwischen schmeckt und schmeckt nicht«, sagt Kern und klingt ein wenig, als wolle er sich dafür entschuldigen.

EIN KANZLER GEGEN ›DAS SYSTEM‹

»Die Leute haben das Gefühl, das System genügt sich selbst und ist zu mutigen Erneuerungen nicht mehr fähig«, fährt Kern fort, »und da haben sie ja auch recht. Es gibt da eine ungeheure Verkrustung, auch in unserer Partei, auch eine Verkrustung in den Köpfen.«

Wir nippen an unseren Rotweingläsern, sitzen an einem großen Holztisch, hinten im Eck ist Christian Kerns Bibliothek. Es sind die Wochen, in denen der Kanzler und SPÖ-Chef über seinen Plan A nachdenkt und mit vielen Mitarbeitern aus den verschiedensten Ecken der Politik abstimmt – und nicht selten hört er, wenn er radikale Vorschläge für Reformen macht, warum genau dieses oder genau jenes nicht ginge. Kaum denkt jemand radikale Reformen an, versucht schon jemand, sie weichzuspülen oder in Kompromissen abzuschleifen. »Ist das wirklich so, dass es diese Trägheit des Apparats gibt, sodass von guten Ideen kaum etwas übrig bleibt?«, frage ich nach.

»Ja, und das, obwohl die Beteiligten ja alle Probleme kennen. Früher wollte man in Macht und Amt kommen, um seine Ideale zu verwirklichen – heute ist es für viele das Ideal, in Macht und Amt zu kommen. Ich möchte zum Beispiel darüber nachdenken, ob nicht ein neues Wahlrecht gut wäre – damit wir zu klaren Entscheidungen kommen. Eine Art von Mehrheitswahlrecht, das dazu führt, dass eine Kraft wirklich die Gestaltungsmöglichkeit hat. Gewinnen wir – ist es gut. Gewinnen wir nicht – müssen wir es auch akzeptieren. Ich will das, um die Blockade zu überwinden. Ich will eine klare Politik. Eine klare Entscheidung und eine Richtungsfrage. Nicht mehr dieses lauwarme Hinsichtl-Rücksichtl. Dann kann ja jeder vorlegen, wohin er das Land führen will, dann hast du einen klaren Wettbewerb der Konzepte und eine klare Entscheidung. Aber dann bekommen auch bei uns einige gleich Sorgenfalten.«

»Weil sie sich fürchten, was ist, wenn man dann die Wahlen verliert?«

»Ja, klar. Aber das hast du bei jedem Thema. Etwa bei den verschiedensten Pensionssystemen. Da hast du im öffentlichen Bereich viele Leute mit absurden Pensionshöhen, von der Nationalbank bis zum ORF. Hunderte Leute, die eigentlich nie ein Risiko getragen haben, außer, dass sie mal bei einer Intrige übrig bleiben. Und dann haben wir 1,5 Millionen Menschen, die nie eine gescheite Pension kriegen werden. Das klafft mittlerweile dermaßen auseinander, dass es überhaupt nicht mehr akzeptabel ist. Auf der einen Seite Leute, die mit 52 in Pension gehen, auf der anderen jene, die bis 65 warten müssen, selbst wenn sie krummgearbeitet sind und arbeitslos werden. Da regen sich die Leute mit Recht auf. Und ich bin da nicht bereit, mich von den Leuten berechtigt anpflaumen zu lassen. Das ist doch klar, dass das als ungerecht empfunden wird. Ich weiß natürlich, alle diese Regelungen sind Teil vertraglicher Packages, die sich nicht mit einem Fingerschnippen ändern lassen. In dem Fall würde man wohl sogar höchstrichterliche Schwierigkeiten bekommen. Aber welche Argumente es immer auch im Detail gibt, generell muss uns klar sein: Wir müssen endlich die Systeminnensicht aufbrechen. Die Hoffnung: ›Ein paar kleine Änderungen hier und da, aber keine zu großen – und den Verdruss, den kriegen wir mit guter PR weg.‹ – diese Hoffnung wird nicht aufgehen. Das wird sich nicht mit Marketing lösen lassen. Das kann nicht klappen, nach dem Motto: Wir dekorieren das Schaufenster neu, einer macht den Vorturner. Wir werden eine mutigere, entschlossenere Partei werden müssen.

Ich bringe dir ein anderes Beispiel: Frauen verdienen immer noch durchschnittlich um 22 Prozent weniger Lohn bei gleicher Tätigkeit. Also bin ich dafür, dass Beschäftigte in Abteilungen oder Firmen ab zehn Mitarbeitern Einschau halten können, was die Kollegen verdienen. Denn einer der Gründe, dass Frauen schlechter verdienen, ist, dass sie ja gar nicht wissen, dass der Kollege mehr als sie verdient. In Skandinavien funktioniert das sehr gut. Das ist die Hälfte der Bevölkerung, weit mehr als die Hälfte unserer Wähler – und da gibt es immer noch grobe Ungerechtigkeiten. Deshalb glaube ich, dass wir das dringend brauchen. Natürlich müssen wir auch über Quoten in Führungspositionen sprechen, auch das ist ein wichtiges Symbol, wenngleich natürlich die durchschnittliche Beschäftigte nie in die Nähe eines Aufsichtsratspostens kommt.

Oder noch so eine Sache: Wir beklagen alle, dass Firmen aus Osteuropa unsere Tariflöhne unterlaufen. Und dann sage ich: Reden wir über das Vergabegesetz. Etwa, dass Gemeinden und andere öffentliche Institutionen nur Aufträge an jene Firmen vergeben können, die sich auch wirklich an alle Tariflohnregeln halten, die Umweltstandards einhalten, die einen bestimmten Anteil älterer Mitarbeiter beschäftigen und so weiter – egal ob sie österreichische oder slowakische Firmen oder von sonst woher sind. Und die auch nicht an Subunternehmer auslagern, die diese Standards dann unterlaufen. Und was sagen dann manchmal Bürgermeister aus den Gemeinden? ›Oje, aber dann wird das doch viel zu teuer. Wir kommen doch mit unseren Budgets auch nur aus, wenn wir an möglichst günstige Firmen vergeben.‹ Und das stimmt ja natürlich aus ihrer Sicht, aber gesamtstaatlich bewirkt es das Gegenteil.«

»Diejenigen, die sagen, das etablierte System ist nur mehr auf sich selbst bezogen, haben dann also recht?«, will ich wissen.

»Es wäre doch Unsinn zu sagen, die Kritikpunkte sind falsch. Und ganz falsch wäre es, alles schönzureden. Ich habe mich doch nicht als Bundeskanzler beworben, weil ich zufrieden bin – sondern weil ich auch mit sehr vielen Dingen unzufrieden bin. Weil ich das verändern will. Mehr als das: Weil ich der Meinung bin, dass wir Gefahr laufen, alles zu verspielen, wenn wir so weitermachen wie bisher. Und einer der Gründe ist natürlich, dass ein System, das einmal eingespielt ist, sich selbst genügt. Ich denke etwa, dass die Beschränkung für Politiker auf zwei Amtsperioden, welche Funktion du auch immer hast, sinnvoll wäre. Du machst zwei Mal fünf Jahre und verabschiedest dich dann aus der Politik. Ich glaube, das würde uns wirklich guttun.«

Jetzt redet er wie ein Oppositioneller, denke ich da in mich hinein. Aber was ist daran eigentlich so erstaunlich?

Es gibt so etwas wie eine ungesunde Spielanordnung in der Politik. Die Opposition kritisiert, und die Radauopposition kritisiert alles. Weswegen die, die in der Regierung sind, wiederum dazu neigen, die Kritik zurückzuweisen. Aber dann stehen sie sofort als Verteidiger des Status quo da. Kern spricht, denke ich mir in diesem Moment, wie einer, der regiert und in Opposition zum System zugleich steht. Aber auf seine eigene Art, nicht polternd, auch nicht auf linkspopulistische Weise, sondern auf die Manager-Art, die Strukturen analysiert, deren Dysfunktionalität feststellt, und sie dann verändern will. Alles andere, etwa ein weltfremdes Schönreden, wäre doch auch absurd. Aber kann das reichen? Kann das auch reichen, um sogar die Enttäuschten zurückzuholen? »Wie holt man die Wütenden und zu Recht Frustrierten von der FPÖ zurück?«

»Das Entscheidende ist erst einmal«, antwortet Christian Kern, »dass dich diese Menschen als jemanden wahrnehmen, der sie nicht ins Abseits stellt. Man wird die Menschen nicht zurückgewinnen, wenn man ihnen ständig erklärt, sie seien dumm und moralisch minderwertig, weil sie eine rechtspopulistische Partei wählen. Wir haben vor dreißig Jahren völlig zu Recht gesagt, wir koalieren niemals mit dieser Partei und streifen auch nicht an denen an. Aber damals hatte die SPÖ 42 Prozent und die FPÖ hatte sieben oder acht Prozent. Die Situation hat sich dramatisch verändert. Wir haben diese Leute in ein Eck gestellt – oder jedenfalls fühlte es sich aus ihrer Sicht so an –, und wir haben damit auch die FPÖ mystifiziert. Die mussten nie argumentieren, es hat für sie immer gereicht, sich als Opfer des Systems darzustellen. Und ihre Wähler haben sie an sich gebunden, indem sie gesagt haben: Das System ist gegen uns – und damit ist das System auch gegen dich.«

WIE KAMEN DIE SOZIALDEMOKRATEN VOM WEG AB?

Unser Rotwein ging zur Neige. Es ist spät. Aber ich hake nach. Wir sprechen darüber, warum die Wähler so wütend sind, warum sie sagen: Die Sozialdemokraten sind nicht mehr unsere Leute.

»Das hat eine Reihe von Gründen«, meint Christian Kern. »Der Wohlstand wächst, aber wir haben nicht mehr diese Wachstumsraten wie früher und auch nicht mehr diese Produktivitätszuwächse. Und das, was es noch an Zuwächsen gibt, diese Früchte der gemeinsamen Arbeit gerecht zu verteilen, das funktioniert heute nicht mehr so gut. Das ist einmal der hauptsächliche Humus für Erscheinungen wie Trump, Le Pen, Strache und den Brexit. Dafür werden globalisierte Eliten verantwortlich gemacht – meistens zu Recht –, und auch die traditionelle Politik, und da nicht nur die Neoliberalen und Konservativen, sondern auch die Sozialdemokraten, weil sie für viele schon als Teil dieser Elite angesehen werden – manchmal auch zu Recht, manchmal zu Unrecht, aber was hilft es, sich zu beklagen. Es ist so. Und dann kommt noch etwas dazu, was mit der schieren, blanken Wut zu tun hat: Ich habe mit vielen gesprochen, die FPÖ wählen, und sie gefragt, ob sie wirklich glauben, dass dadurch etwas besser wird. Die werden nämlich gar nichts für sie tun. Die Antwort dieser Leute war immer wieder: Eh nicht, aber darum geht's mir gar nicht. Sie wollen das System und die Eliten auf den Knien sehen. Weil sie sich deklassiert, ausgeschlossen und nicht ernst genommen fühlen.«

»Die fühlen sich von niemandem mehr vertreten und wählen dann in einer Art Notwehr rechts. Ist ja gar nicht unverständlich«, werfe ich ein.

»Gehen wir noch für einen Gedankengang einen Schritt zurück«, erwidert Kern. »Wo es wirklich schrecklich ist, wo das blanke Elend herrscht und die Krise zu einer richtigen sozialen Katastrophe geworden ist, also beispielsweise in Griechenland und Spanien, da ging der Protest nach links. Es entstanden Bewegungen wie Syriza und Podemos. Wo die Krise noch nicht so dramatisch ist, aber die Leute spüren, es wird unsicherer, es könnte demnächst wirklich schlechter werden, oder langsam, aber stetig immer schlechter werden, da geht der Protest offensichtlich nach rechts. Es sind nicht so sehr die Leute, die wirklich die Geplagten und Gepeinigten sind, die die FPÖ wählen, sondern viele, die einen gewissen Wohlstand erreicht und Angst haben, sie könnten ihn verlieren. Man muss sich die psychopolitischen Dynamiken da schon genau ansehen, und auch ein wenig auseinanderhalten. Unzufriedene Angestellte am Stadtrand von Wien haben vielleicht andere Gründe, frustriert zu sein, als Menschen in Kleinstädten und Dörfern in der Südsteiermark. In vielen Gemeinden verschwindet die Infrastruktur. Wenn Post, Bahnhof, Schule und das letzte Geschäft weg sind, ist auch der Glaube an die Zukunft weg. Die jungen Leute wandern ab. Und die, die zurückbleiben, fühlen sich als Verlorene. Da muss man den Leuten ganz deutlich zu verstehen geben: Wir haben auch auf euch nicht vergessen.«

Im Süden geht der Protest nach links, im Norden eher nach rechts – diese Analyse wird weitgehend als simple Beschreibung eines Faktums geteilt. Aber ist es wirklich so einfach? »Die linken Parteien, die etwa in Griechenland und in Spanien entstanden sind und Erfolg hatten, haben die wichtige Eigenart gehabt, dass sie neu und in der Opposition waren. Jung, frisch, neue Ideen, es war ja das, was sie als Bild kultivierten, und das war ja die Ursache ihres Erfolges. Aber das sind ja in Wirklichkeit Attribute, die nichts mit links und rechts zu tun haben«, wende ich ein. »Sie konnten sich als die zornigen und modernen Jungen darstellen, die das korrupte System aufmischen. Das kannst du ja als Traditionssozialdemokratie gar nicht nachhüpfen.«

»Ganz sicherlich«, gibt Kern zu, »aber es gibt schon auch andere Beispiele, die zwar nicht völlig auf unsere Situation übertragbar sind. Bernie Sanders hatte seine Erfolge als Präsidentschaftskandidat einer traditionellen Partei, nämlich der amerikanischen Demokraten. Nun kann man einwenden, dass das auch nicht vollends eine Erfolgsstory war, aber ein interessantes Phänomen ist es allemal. Ganz generell gibt es viele Beispiele in der politischen Geschichte, in denen eine neue Generation mit neuem Elan auch erfolgreich darin war, alte, routinierte politische Systeme aufzubrechen und damit ihren alten Bewegungen neues Leben einzuhauchen. Der portugiesische Premierminister Antonio Costa, der einer sozialdemokratisch geführten Regierung vorsteht, hat durchaus eine Glaubwürdigkeit aufgebaut, ebenso der schwedische Premier Stefan Löfven, der eine rot-grüne Regierung anführt und auch ein sehr inspirierender Gesprächspartner ist. Und wenn ich mir erlaube, mich auch in dieses Trio europäischer sozialdemokratischer Premiers einzureihen, dann sind wir schon einmal drei, die hoffentlich nicht erfolglos für einen bestimmten Modernisierungsansatz stehen. Letztendlich werden wir nur erfolgreich sein, wenn wir Wohlstand mehren und Jobs schaffen. Davon hängt alles ab, am Ende sogar unsere Demokratie. Wir haben mittlerweile eine dramatische Spaltung der Gesellschaft. Eineinhalb Millionen Menschen leben in Österreich auf irgendeine Weise prekär, sei es, weil sie niedrigste Einkommen haben, keine Aussicht auf Einkommenszuwächse, sei es, dass sie arbeitslos oder in völlig unsicheren Beschäftigungsverhältnissen gefangen sind, die vordergründig nach Freiheit aussehen, aber in Wirklichkeit mit enormem ökonomischem Druck fast ohne jedes Netz einhergehen. Junge Leute, auf Honorarbasis oder auf andere Weise anormal beschäftigt, für die Tarifverträge, Krankengeld, bezahlter Urlaub oder Acht-Stunden-Arbeitstag schon ein paradiesisches Utopia sind. Und wenn die Vorschreibung von der Sozialversicherung kommt, dann bekommt man Panikattacken. Das sind Menschen, die oft unter sehr schwierigen Umständen leben, und die wir vertreten müssen, so wie die Ziegelarbeiter in unserer Gründungszeit. Aber deren Lebensbedingungen wird man auch nur verbessern, wenn wir neue Jobs schaffen. Und wir werden auch eine Umverteilung der Arbeit diskutieren müssen. Für dieses Thema müssen wir langsam wieder die Hegemonie aufbauen. Aber freilich kann man radikale Ziele in der Opposition leichter formulieren. In der Regierung bist du natürlich in einer ganz anderen Ausgangsposition, da hast du viele Beschränkungen. Und deshalb glaube ich schon, dass wir, um erfolgreich sein zu können, eine Kombination brauchen: einerseits diesen Mut, die Fenster aufzumachen, eine neue Art der Kommunikation, einfach Klartext, Probleme nicht schönreden. Dazu brauchen wir den Mut, ambitionierte Ziele zu formulieren und Konzepte zu entwickeln, die jenseits der routinierten Trampelpfade sind. Zugleich müssen wir es aber mit praktischer Detailarbeit hinkriegen, dass sich in den nächsten eineinhalb Jahren bereits ein Silberstreif abzeichnet. Das heißt, dass wir in Österreich, was das Wirtschaftswachstum betrifft, wieder zum europäischen Durchschnitt aufschließen, dass sich das Jobwachstum, das eigentlich jetzt schon sehr erfreulich ist, noch einmal beschleunigt, dass all die Prognosen, nach denen sich die Arbeitslosigkeit bis 2020 weiter erhöht, zumindest nicht eintreffen. In anderen Bereichen wirst du natürlich nicht so bald Erfolge sehen können.

In der Bildung etwa – selbst wenn wir jetzt genau die nötigen Reformen durchziehen, wirst du natürlich erst in zehn Jahren die Resultate sehen. Im Innovations- und Investitionsbereich wird es vielleicht ein wenig schneller gehen, auch in der Lehrlingsausbildung. Ich bin übrigens auch überzeugt, dass wir massiv etwas für die Altersgruppe 50plus machen müssen. Hier müssen wir Angebote schaffen, die den Leuten, die kaum mehr Aussichten am Arbeitsmarkt haben, eine Perspektive und eine Würde geben, wenn sie arbeitslos werden.

Ich denke an einen klugen Policy Mix, also einen Mix an Maßnahmen, die eben die Marktkräfte benutzen, um gewünschte Ergebnisse zu erzielen, aber zugleich die Möglichkeiten ausschöpfen, die man als Staat und Regierung in modernen, komplexen, globalisierten Gesellschaften hat. Das beginnt damit, dass wir massiv auf Qualifikation setzen. Das geht weiter, dass wir Konjunktureffekte erzielen wollen, die das Jobwachstum noch einmal beschleunigen. Eine weitere Maßnahme: ein massiver Ausbau der Einzelfallbetreuung beim AMS. Wir wissen auch, dass es einen riesigen Bedarf an Dienstleistungen in der Pflege gibt und in anderen sozialen Dienstleistungen. Wir müssen also die Rahmenbedingungen verbessern, und mein Ziel ist es, die Marktmechanismen zu nützen, sodass sie sich entfalten können. Aber zugleich müssen wir auch realistisch sehen, dass es eine Form der Arbeitslosigkeit gibt, die sich durch konjunkturelle Maßnahmen nicht einfach beheben lassen wird, besonders dann, wenn wir zugleich das Pensionsantrittsalter anheben, wenn mehr Frauen berufstätig sind, also die Frauenerwerbsquote steigt. Da sage ich: Nützen wir auch die sozialökonomischen Betriebe, die wir haben. Das ist ein System, das du natürlich subventionieren musst, denn die werden niemals so wettbewerbsfähig sein wie Unternehmen, die in der Marktwirtschaft gestählt sind. Aber ich glaube, auch wenn uns das etwas kostet, dann ist das das richtige Modell, denn Arbeit gibt den Menschen Struktur, sie gibt ihnen eine Würde, eine Perspektive und eine Tätigkeit, für die sie Respekt bekommen. Ich bin insofern nicht besonders überzeugt von der Idee eines arbeitslosen Grundeinkommens, das sagt, okay, wir überweisen den Leuten Geld, aber der Umstand, dass sie sich als Überflüssige fühlen, der ist uns egal – wir finanzieren sie ohnehin.«

»Dabei hast du überraschend oft in letzter Zeit die Thematik des ›Grundeinkommens‹ angesprochen, und das durchaus zumindest positiv-interessiert«, frage ich nach – das scheint mir ein Widerspruch zu sein.

»Ja, man muss es ansprechen«, erwidert Kern. »Bei dem rasanten Wandel unserer Gesellschaft, bei Automatisierung und Robotisierung, kann es sein, dass das in zwanzig Jahren eine Option ist. Man muss sich die Modelle ansehen und Debatten in Gang bringen. Aber ich bin dann doch eher für Modelle, die Arbeit schaffen, Modelle, die Arbeit mit ordentlichem Einkommen verbinden – und wenn es nötig ist, müssen wir auch als Staat aktiv diese Arbeitsplätze und Unternehmungen schaffen und unterstützen. Es ist besser, wir subventionieren Arbeit, als wir subventionieren Arbeitslosigkeit. Und ich weiß jetzt schon, dass dann die Konservativen und Neoliberalen kommen und jammern werden, das sei Staatswirtschaft pur, aber ich sage, da geht es darum, Menschen Arbeit und damit Würde und Perspektive zu geben, und da könnt ihr mich gernhaben mit dieser doofen, weltfremden Kritik. Policy Mix heißt eben, sich undogmatisch jener Maßnahmen zu bedienen, die funktionieren – und nicht reflexartig rein ideologisch zu agieren.«

EINE NEUE PROGRESSIVE ALLIANZ – GEHT DAS?

Ein wichtiges Thema will ich noch ansprechen: »Fast alle progressiven Parteien, von den europäischen Sozialdemokraten über die Labour-Party bis zu den Demokraten in den USA, haben ein gemeinsames Problem – und eigentlich haben es auch, von speziellen Ausnahmen abgesehen, die neuen Linksparteien: Dass sie die beiden großen Wählergruppen nicht mehr zusammenbringen, die immer dann ein Bündnis, eine Koalition bilden mussten, wenn progressive Parteien erfolgreich waren. Einerseits die urbanen, modernen Mittelschichten, früher hätte man die »bürgerliche Intelligenz« dazu gesagt, und andererseits die Arbeiterklasse und die unteren Mittelschichten. Heute klafft das weit auseinander: Die einen sind gegen den Brexit, die anderen für den Brexit, die einen für Internationalisierung, die anderen für Protektionismus, die einen für Globalisierung, die anderen gegen Migration. Kann man diese beiden Großmilieus wieder zusammenbringen?«

Christian Kern widerspricht: »So krass würde ich das nicht sehen. Wenn wir uns Wien zum Beispiel ansehen und die Wahlergebnisse der letzten Jahre, von der Gemeinderatswahl bis zur Präsidentschaftswahl, dann kann man nicht wirklich sehen, dass dieses Bündnis nicht mehr funktioniert. Klar, du hast die Brexit-Abstimmung, bei der das besondern deutlich wurde, aber du hast auch die Präsidentschaftswahl vom 4. Dezember, bei der Alexander van der Bellen auch in vielen Gemeindebauten 65 bis 70 Prozent bekommen hat. Wels, das wenige Monate zuvor einen Bürgermeister der FPÖ gewählt hat, hat bei der Präsidentschaftswahl mit großer Mehrheit van der Bellen gewählt. Da kann man schwer sagen, dass die unteren Mittelschichten und die Arbeiter nicht gewinnbar sind. Aber dennoch gibt es das Problem, ich will nur sagen, ich halte es nicht für grundsätzlich unlösbar. Aber es muss uns ebenso klar sein, dass die Sozialdemokratie in den vergangenen hundert Jahren nie eine Partei war, die sich nur auf die Arbeiterklasse konzentriert hat. Das ist Teil unserer Identität, zweifelsohne, aber wir müssen genauso die Mittelklasse ansprechen. Ich würde beinahe sagen: Was gerade stattfindet, ist eine Schlacht um die Mittelklasse. Das ist gerade diese Allianz, die du ansprichst, mit der man eine breite Unterstützerbasis schafft, und das ist es ja auch, was die Sozialdemokratie zur Volkspartei machte: diese Allianz aus Arbeiterklasse bzw. unterer Mittelklasse, der breiten, aufstiegsorientierten Mittelklasse, und den liberalen, städtischen oberen Mittelschichten. Ich denke, die Schwierigkeit besteht ja nicht so sehr darin, die modernen, urbanen Mittelschichten davon zu überzeugen, dass wir die unteren Mittelschichten und die hart arbeitenden Leute in den Vorstädten nicht zu Verlierern machen dürfen – da gibt es ja ein hohes Reservoir an Empathie beispielsweise. Aber wie schafft man diese Verbindung gewissermaßen von unten nach oben? Es fängt natürlich damit an, dass man einfach einmal in eine Diskussion einsteigt, klare Antworten gibt, glaubwürdig ist und auch vermittelt, dass man das Problem verstanden hat. Viele Leute haben ja auch schlicht und einfach das Gefühl, dass man sich für sie überhaupt nicht interessiert, dass irgendwelche abgehobenen Eliten, seien es ökonomische Eliten, aber auch die politischen Klassen, sie einfach ignorieren. Wir müssen auch klarmachen: Wenn es Probleme gibt, dann kümmern wir uns darum. Das muss auch für die Probleme gelten, die mit der Migration und den Wanderungsbewegungen zu tun haben. Die Menschen müssen uns da schon auch zutrauen, dass wir nicht nur von Humanität getrieben sind, sondern für die Probleme auch eine Lösung haben. Ähnliches gilt übrigens auch für die Europäische Union. Es hat doch keinen Sinn zu sagen, wir sind ›für Europa‹ und das als Glaubensbekenntnis vor uns herzutragen, wenn extrem viel falsch läuft in der Europäischen Union. Am Ende geht es um Leadership, Ernsthaftigkeit und Authentizität. Leadership, also dass die Leute spüren, wir wollen etwas und haben Elan und Energie, Entschlossenheit und Mut. Ernsthaftigkeit, also dass völlig klar ist, wir machen nicht irgendwelche Spielchen und schielen nur auf Marketing und Schlagzeilen am Boulevard, sondern wir kennen uns aus und machen uns Gedanken, bevor wir Lösungen vorschlagen. Und Authentizität, dass du als politischer Akteur glaubwürdig bist – als Person, als Kanzler, aber auch als Partei.«

»Glaubwürdig bleiben ist aber leichter gesagt als getan«, wende ich ein, »wenn man in Milieus glaubwürdig sein will, die in Wirklichkeit finden, es soll am besten gar kein Flüchtling mehr kommen, und zugleich in anderen Milieus, die den Wert der internationalen Solidarität hochhalten.«

»Es ist sicher so«, gibt Christian Kern zu, »dass das Zuwanderungsthema, und sehr oft einfach als Konstrukt, verheerende Wirkungen hat. Dieses Thema beschäftigt ja absurderweise die Menschen dort am meisten, wo kaum Zuwanderer leben. Aber wir müssen auch verstehen, dass es für viele Leute einfach als ein Element, als ein Beispiel für den Kontrollverlust der Politik angesehen wird. Die Menschen haben die Sorge, dass wir internationale Kapitalströme, die globale Wirtschaft nicht mehr kontrollieren können, und dass wir auch die Migrationsströme nicht mehr kontrollieren können. Und dieser gefühlte Kontrollverlust übersetzt sich in einen gefühlten Sicherheitsverlust. Nicht zuletzt deshalb wird das Thema Migration ja sofort mit dem Sicherheitsthema verbunden. Ich habe mit einer älteren Frau in Simmering geredet, die mir als Person und Kanzler zwar sehr zugetan war, aber die sich einfach fürchtet. Kommt eine Gruppe junger Migranten um die Ecke, wechselt sie die Straßenseite. Sie ist ganz empört, weil ihr Kinder Gatsch ans Fenster geworfen haben. Und da kann ich ihr natürlich erzählen, liebe Frau, ich hab' als Kind viel Schlimmeres gemacht, es macht für sie einen Unterschied, auch, weil das instinktive Verstehen von Situationen schwindet, wenn du verschiedene ethnische Kulturen hast. Wir müssen verstehen, dass viele Menschen das einfach als bedrohlich oder zumindest verstörend empfinden in gewissem Sinn.«

Dazu fällt mir eine ähnliche Geschichte ein: »Irgendwo habe ich eine Reportage gelesen«, werfe ich ein, »und in dieser Geschichte erzählt eine Frau, die in einer kleinen Eigenheimsiedlung wohnt: Wenn eine Gruppe betrunkener Österreicher vor meiner Tür grölt, dann kann ich verstehen, was die sagen, und weiß, ob die einfach nur ausgelassen sind oder ob das vielleicht eine gefährliche Situation ist. Ich kann das einschätzen. Wenn das Leute sind, die ich nicht verstehe, dann weiß ich nicht, machen die nur Party, beginnen die gleich eine Schlägerei oder brechen sie bei mir ein.«

»Die kulturellen Irritationen gibt es«, schließt Christian Kern an diese Überlegung an, »und es hat keinen Sinn, die zu ignorieren. Es hat nur auch keinen Sinn, sie aufzuschaukeln. Aber eines ist auch ganz klar: Sicherheit ist eine sozialdemokratische Schlüsselaufgabe. Nur die Reichen können sich einen schwachen Staat leisten, die normalen Bürgerinnen und Bürger müssen auf die Funktionstüchtigkeit von Polizei und anderen Behörden vertrauen können. Wir haben immer starke Innenminister gehabt.«

In unseren Gesprächen kreisen wir oft um dieses Thema. Nicht, dass wir wirklich grundsätzlich anderer Meinung wären. Auch für Christian Kern ist es keine Option, mit ostentativer Hartherzigkeit gegenüber Migranten um rechte

Stimmen zu buhlen, und auf der anderen Seite bin auch ich Pragmatiker – es ist klar, dass es für jedes Land, und daher auch für Österreich, so etwas wie Grenzen der Integrationsfähigkeit gibt. Und dass man das mediale Klima im Land nicht einfach ignorieren kann. Die Frage ist vielmehr eine der Nuancen, wie genau man den Wert der internationalen Solidarität, aber einfach auch der Empathie für Geflohene auf der einen Seite und auf der anderen die Notwendigkeit, die Dinge im Griff zu behalten, austariert. Und wie man das schafft, ohne gleich dem rechten Anti-Flüchtlings-Geschichtenerzählungen so weit entgegenzukommen, dass es als Flirt mit rechts angesehen wird. Dieser, nennen wir es einmal »Spielraum«, bietet auch bei grundsätzlicher Einigkeit genug Platz für leise Kontroversen. Dann gehen die Gespräche in Debatten über, und ein wenig auch in Wortschach. »Dann bestärkt man ja genau den Eindruck«, gebe ich deshalb zurück, »dass Migration primär ein Sicherheitsproblem ist – und dass mit Migration Unsicherheit einzieht. Dann entsteht ganz schnell der Wettlauf, wer die krassesten Vorschläge hat.«

»Sicherlich«, meint Kern, »deshalb muss man hier auch sehr die Balance halten. Nehmen wir nur die Flüchtlingspolitik, da versuchen wir doch sehr klar zu sein. Wir müssen die auf eine ordentliche Basis stellen, das heißt, wir müssen die Menschen ordentlich versorgen, schauen, dass die Leute eine Ausbildung bekommen, die Sprache lernen, ihnen unsere Wertvorstellungen nahegebracht werden. Das ist einfach eine praktische Notwendigkeit, weil es die Vernunft gebietet, aber zugleich auch Ausdruck unserer humanitären Haltung. Zu dieser humanitären Haltung gehört auch, dass wir unseren Beitrag leisten, Verfolgte und Geflüchtete aufzunehmen, aber eben auch in die Menschen zu investieren. Nur heißt das natürlich auch, dass diejenigen, die nach einem Verfahren keinen Aufenthaltstitel bekommen, dann auch Ausreisebescheide erhalten und zurückgebracht werden. Es ist klar, dass es da auch Härten gibt. Ein anderes Beispiel, um das zu illustrieren: Ich war mit ganz großartigen Polizisten in Vierteln unterwegs, die manche salopp ›Tschetschenenviertel‹ nennen. Es fängt ja schon damit an, dass dann viele generalisierend von ›den Tschetschenen‹ reden. Dabei gibt es da ganz großartige junge Leute. Einer, den ich näher kennenlernte, der geht in die HTL, seine Schwester arbeitet in einem Schuhgeschäft, die andere macht gerade die Matura nach. Aber generell stimmt natürlich, dass wir uns um diese Gruppen zu wenig gekümmert haben, und das können wir uns jetzt einfach nicht mehr leisten. Bei dieser großen Zahl an Menschen, die neu zu uns gekommen sind, müssen wir das mit der Integration viel besser hinkriegen, weil sonst explodieren uns die Verhältnisse. Deswegen glaube ich, dass es nötig ist, diese beiden Pole einfach zu verbinden – einerseits Humanität und Weltoffenheit, andererseits die Sicherheitsbedürfnisse –, auch wenn das dann den einen oder anderen enttäuscht und auch mir keine übertriebene Freude macht. Aber das ist eine Einsicht in die Notwendigkeit, wenn man das so nennen mag.«

AUTHENTISCH UND GLAUBWÜRDIG BLEIBEN

Aber wie sendet man diese Signale, dass man die Sicherheitsbedürfnisse der Menschen durchaus ernst nimmt, ihnen zumindest das Gefühl gibt, man habe die Dinge im Griff und es gibt keine chaotischen Zustände, ohne dann gleich ins andere Extrem zu kippen, nämlich die Migranten, die man ja eigentlich integrieren will, selber zum Sicherheitsproblem zu stempeln: »Wie kann man über all das sprechen und glaubwürdig bleiben?«, hake ich nach.

»Ich sage, was ich mir denke«, erwidert Kern. »Und möglichst im Klartext. Und wenn ich mich über eine besonders inhumane Äußerung der politischen Konkurrenz aufrege, dann werde ich das auch zum Ausdruck bringen. Manchmal auch emotional. Es ist entscheidend, glaube ich, sich das zu bewahren. Und dem Reflex, es allen recht zu machen, dem darf man ohnehin nicht nachgeben. Unser Ziel darf nicht sein, irgendeiner Meinung hinterherzulaufen, sondern die Meinungen mitzugestalten und die Hegemonie zu gewinnen. Das betrifft ja alle politischen Fragen. Aber das ist natürlich leichter gesagt als getan, und äußerst schwierig in einer medialen Kultur, in der nur die Überschrift und 50-Sekunden-Soundbites zählen.

Aber: Was ist der Grund, in der Früh aufzustehen? Wir leben in einer Gesellschaft mit dramatischen Verwerfungen. Was uns selbstverständlich war – Rechtsstaat, demokratische Strukturen, dass man respektvoll miteinander umgeht –, all das ist heute gefährdet. Und da stellt sich buchstäblich die Frage: Was würde das für meine Kinder, für deren Freunde, aber auch für alle anderen in diesem Land bedeuten? Und wenn du glaubst, dass das alles nicht selbstverständlich ist, sondern eben auch wieder verschwinden kann, dass du dich darum kümmern musst, dass die Starken eine Verpflichtung gegenüber den Schwachen haben, dass die Menschenwürde verteidigt wird, und dass man das nur hinkriegt, wenn man Wohlstand schafft und dafür sorgt, dass er auch fair verteilt wird – dann ist das das, wofür man steht. Und der Grund, morgens aufzustehen.«

Unser Gespräch hat lange gedauert. Ich laufe durch die Nacht, verlaufe mich auf der Suche nach meinem Auto.

Plötzlich erinnere ich mich an ein Gespräch, das wir vor einigen Jahren geführt haben – irgendwo, zwischen Tür und Angel. Es war eines von diesen Gesprächen, wie sie so viele geführt haben über das, was falsch lief in den politischen Dingen. »Wir können einfach erste Reihe fußfrei sitzen bleiben und zusehen, wie alles den Bach runtergeht«, sagte Kern damals. »Oder wir können versuchen, es zu verhindern.«

4. KAPITEL

CHRISTIAN KERN – MEHR SOLIST ALS TEAMSPIELER?

Präzise Berufswünsche hatte Kern nicht, als ihm sein Freund Karl Pachner die kuriose Idee ausredete, Sportreporter zu werden, und ihn überzeugte, als Wirtschaftsjournalist beim »Wirtschaftspressedienst« zu beginnen. Kern hatte nach Soziologie und Politikwissenschaft auch noch Volkswirtschaft und Publizistik inskribiert, aber keine genauen beruflichen Pläne gehabt. »Ich dachte mir, Soziologie hilft mir am besten zu verstehen, was auf dieser Welt passiert.« Wissen ansammeln, um die Welt verändern zu können – das war zu dieser Zeit durchaus das primäre Motiv bei der Studienwahl ambitionierter Weltverbesserer. Sicherlich hat man sich dann irgendwann auch noch die Frage gestellt, was man – gewissermaßen nebenbei – mit dieser Ausbildung noch beruflich machen könnte, aber das war meist nicht ausschlaggebend für die Studienwahl. Kern hatte schon die ersten Prüfungen abgelegt, da sah er am Anschlagbrett im Soziologie-Institut eine Stellenausschreibung: »Ein Wohnsoziologe gesucht. Festanstellung, 20.000 Schilling, 14 Monatsgehälter. Das schien mir schier unglaublich, dass ich ein Studium gewählt hatte, wo hinterher so paradiesische Jobs winken. Ich fühlte mich praktisch als gemachter Mann.«

Beim VSStÖ – dem sozialistischen Studentenverband – war Kern nicht nur Wiener Spitzenkandidat für die Hochschülerschaftswahl 1989 gewesen, er hatte auch das Amt des

»Schulungsreferenten« inne. Seit jeher gehörte es in sozialistischen Jungakademikerkreisen zum guten Ton – ja, eigentlich war es eine unausgesprochene Pflicht –, Schulungen in politischer Ökonomie zu durchlaufen, in denen die wichtigsten Passagen aus Marx' Kapital durchgenommen wurden. »Er hat auch Gramsci-Schulungen organisiert«, erinnert sich einer seiner Wegbegleiter. Darin wurde das Konzept der »Hegemonie« ausgebreitet und debattiert, das der eigensinnige und brillante italienische Kommunistenführer Antonio Gramsci in seinen berühmten Gefängnisheften entwickelt hatte – also die Fragestellung, wie progressive Kräfte in konservativen und kapitalistischen Gesellschaften so weit die Meinungsführerschaft erlangen können, dass sie Mehrheiten erkämpfen und diese Gesellschaften nachhaltig verändern könnten.

Als Christian Kern schließlich mit Mitte zwanzig seinen ersten Job als Journalist beim »Wirtschaftspressedienst« ergatterte, hatte sich nicht nur der Simmeringer radikale Teenager in einen jungen Familienvater und recht modernen Sozialdemokraten verwandelt. Zugleich lag über Europa eine Stimmung von Zeitenwende. 1989: das Ende des Eisernen Vorhangs. Die Sowjetunion begann sich in ihre Einzelteile zu zerlegen, in Deutschland fiel die Berliner Mauer. Aber das waren nur die spektakulärsten Indizien einer neuen Zeit. Computer zogen in die Büros ein. Ganz neue Branchen entstanden, während ehrwürdige Berufsbilder untergingen – etwa das des Schriftsetzers. Die Welt schien zu beschleunigen – ökonomisch, technologisch, aber auch politisch. Die Linken rasierten sich die Rauschebärte ab und entwickelten eine neue Ästhetik. Manche wechselten von den revolutionären Basisgruppen direkt auf die Trading Floors internationaler Broker-Häuser. Diese beschleunigte Welt schien neue Chancen zu bieten – und das schien natürlich nicht nur so. Der alte politische Stil hergebrachter Traditionsparteien wirkte dagegen wie von vorgestern. Modernisierung war angesagt. In der SPÖ war Franz Vranitzky zum Bundeskanzler bestellt worden und mit ihm eine neue Generation junger Leute in die Ministerbüros eingezogen. Blauhemd und Traditionssozialismus wurde ein wenig durch einen smarten, modernistischeren Linksliberalismus ersetzt. Hatte man in den siebziger Jahren unter Weltveränderern noch zottelige Hippies oder rebellische Revolutionäre verstanden, so wurde der Begriff ironisch gekapert. Plötzlich schien der Begriff auf geniale Innovateure in der Wirtschaft auch zuzutreffen, auf Leute wie Steve Jobs, den Apple-Gründer, oder auf Bill Gates, den Kopf von Microsoft. Börsen, Wertpapiere, Aktien, das waren mit einem Mal Themen, die nicht bloß eine kleine, geheime Parallelgesellschaft der Superreichen interessierten. Hochglanzmagazine wie der »Wiener« oder das legendäre deutsche »Tempo« wurden buchstäblich zu den Illustrierten dieser Ära, und erstmals erschienen auch Wirtschaftsmagazine, die nicht nur bieder über ökonomische Nachrichten und Branchenentwicklungen berichteten, sondern ökonomischen Erfolg als erstrebenswert popularisierten und jene, die ihn hatten, als Winner-Typen auf die Titelseiten und in den Rang von Stars erhoben. Francis Fukuyama, der amerikanische Politphilosoph, sorgte mit der These vom »Ende der Geschichte« für Furore. Die Botschaft: Das Ringen der Weltanschauungen sei zu Ende. Demokratie, Marktwirtschaft, liberaler Kapitalismus – der Westen habe sich durchgesetzt. Das war der Zug der Zeit.

Es war auch die Zeit, in der Kern ins Berufsleben startete – als Wirtschaftsjournalist. »Ich hatte mir schon als Student meine ersten Aktien gekauft. Zehn Stück Ottakringer Vorzugsaktien. Das war natürlich im linken Studentenmilieu top secret, das habe ich kaum jemandem erzählt, da hätte ich zu viel erklären müssen – ob ich jetzt auch ein kapitalistischer Spekulant geworden sei oder so etwas. Aber mich hat Wirtschaft immer interessiert«, erzählt er. »Als ich beim Wirtschaftspressedienst mein Aufnahmegespräch hatte, hat mir das natürlich geholfen, weil ich mich einfach schon mit den Kapitalmärkten beschäftigt hatte.« Beim Wirtschaftspressedienst schreibt Kern fünf, sechs Meldungen pro Tag. Später wechselt er dann zum Wirtschaftsmagazin »Option«, in dem er Storys schreibt mit Titeln wie »Kammerspiele – Der österreichische Kammerstaat funktioniert nach einem einfachen Prinzip: Nur kein unnötiger Wettbewerb«. Er habe, erzählt er heute, »jeden Monat in der Zeitschrift die Hälfte der Seiten vollgeschrieben. Das war im Grunde ein Schnellkurs.« Kern gräbt sich in seine Themen ein, lernt Bilanzen zu lesen, befasst sich mit betriebswirtschaftlichen Fragen – und gewinnt Kontakte in Vorstandsetagen hinein.

»Das war eine äußerst lehrreiche Zeit. Wenn du als junger Akademiker in einem großen Unternehmen beginnst, siehst du den Generaldirektor einmal im Jahr, bei der Weihnachtsfeier, wenn du Glück hast. Aber als Journalist gehst du mit den Direktoren auf Reisen, du führst Interviews, du bist in ihrer unmittelbaren Nähe – natürlich nicht, weil sie dich so toll finden, sondern weil sie sich eine gute Story erhoffen. Du erhältst Zugänge, die du sonst nie erhalten würdest.« Herbert Cordt, der damalige Länderbank-Vorstand, beeindruckt Kern, mit Creditanstalt-Chef Guido Schmidt-Chiari ist er mehrmals unterwegs. »Das ist schon ein Privileg, wenn dir diese Leute ausführlich erklären, was Sache ist.« Kern hat ein Angebot der Girozentrale, als Wertpapierhändler ins Trading zu wechseln.

»MEIN RAT: SUCH DIR DEINEN CHEF GENAU AUS!«

Am Nachmittag des 1. Mai 1991 läutet bei Kern dann das Telefon. Peter Kostelka, Staatssekretär bei Franz Vranitzky im Kanzleramt, ist am anderen Ende der Leitung. Kostelka sucht einen Pressesprecher. Kern denkt eine Sekunde nach – und sagt dann zu. Warum eigentlich? Wieso zurück in den Schoß der alten Tante SPÖ? »Du gehörst dazu, fühlst dich mit der Sache verbunden, also sagst du dir, das machst du. Und Gesellschaft und Politik haben mich ja fasziniert.« Drei Jahre später wechselt Kern mit Kostelka ins Parlament und erhält schnell, wie es ein Weggefährte dieser Jahre später ausdrücken wird, Einfluss als »Gestalter, der weit über die Grenzen eines Pressesprechers hinausgeht«. Kern gilt als Hoffnung in der Partei, nicht einfach als kleiner Pressefuzzi. Er ist für wichtige Posten im Gespräch – so wird etwa gemunkelt, er könne nächster Klubdirektor im Parlament werden. Die Partei schickt ihn ins ORF-Kuratorium. Kern: »In der Hierarchie im Klub sitzt du dann am Tellerrand der Macht und kriegst ein paar Brösel ab.« Und lernst sehr viel. »Das größte Glück in meiner Berufslaufbahn war, dass ich immer mit Leuten zusammenarbeiten konnte, von denen ich etwas lernen konnte. Das ist auch das, was ich immer wieder jungen Leuten geraten habe. Erstens: Warte nicht, bis dich die Muse küsst. Zweitens: Such dir deinen Chef genau aus!«

1996 sitzt Kern im ORF-Kuratorium neben Alexander Wrabetz, damals noch Manager in der ÖIAG, und Hannes Sereinig, dem Ex-Kabinettchef von Franz Vranitzky und damals – wie heute – Vorstandsmitglied des Verbundkonzerns. Die Kuratoriumssitzung schleppt sich über Stunden, weil viele Detailfragen auf der Tagesordnung stehen. Sereinig beugt sich zu Kern und erzählt, dass er einen neuen Vorstandsassistenten oder eine neue Vorstandsassistentin suche – und fragt, ob

Kern denn nicht irgendein kluger junger Kopf untergekommen sei. Kern überlegt ein wenig und sagt Sereinig ein paar Tage später: »Du, ich überlege mir, ob das nicht etwas für mich wäre.«

»Der war total erstaunt«, erzählt Kern. »Wieso denn du?« Der Assistentenjob in dem Energiekonzern ist schlechter bezahlt als Kerns Parlamentsstelle, und in den symbolischen Hierarchisierungen ist er eindeutig ein Abstieg vom Mister Halbwichtig oder Dreiviertelwichtig im Parlamentsklub zum siebten Zwerg von links im Unternehmen. »Ich hab' dann gesagt, nein, das ist mein voller Ernst. Und der Hannes hat sofort zugesagt.«

Es war, sagt Kern, »wieder einmal eine Entscheidung gegen die Emotion und für den Kopf«.

Wieso er das denn so interpretiere? Habe er den Job denn als uninteressant oder unspannend angesehen? »Nein, das nicht. Aber ich war ja glücklich im Parlament. Das war ja ein rundherum sinnliches Erlebnis, das Parlament ist einfach ein besonderer, beeindruckender Ort – wenn du durch diese Säulenhalle gehst, das ist ja fast Ehrfurcht einflößend. Und ich habe mich mit allen gut verstanden. Also, ich hatte von der Emotion her keinen Grund gehabt, diesen Arbeitsplatz oder dieses Arbeitsfeld zu verlassen.«

Freilich: Es machte sich mehr und mehr die Stimmung breit, dass die Ära Vranitzky sich ihrem Ende zuneigte – und dass nach ihr nicht gerade der große Aufbruch folgen würde. »Du hast gemerkt, dass es zu Ende geht. Die Lust hat gefehlt, es waren die Vibes. Die Streitereien in der Politik, die daraus folgenden Reibungsverluste, man hatte plötzlich das Gefühl: Das bringt dich doch nicht weiter.« Zugleich hatte die Europäische Union ihre erste Richtlinie zur Elektrizitätsmarktliberalisierung verabschiedet. »Ich habe mir das genau angesehen, und mir wurde klar, das ist eine Branche, die sich grundlegend verändern wird, da bleibt kein Stein auf dem anderen. Da gibt es viele Möglichkeiten, interessante Dinge zu tun.«

Kern war, erzählen Vertraute, »ja weder Techniker noch Betriebswirt noch Controller, und hat deshalb Wissen reingefressen wie verrückt«. Es war eine »absolute Leidenschaft«, so Kern. Kern ist Vorstandsassistent bei Sereinig, und schon zwei Jahre später Chef für Strategisches Marketing und Verkaufssteuerung, und gelangt schließlich an die Spitze der Verbund-Tochter Austrian Power Trading.

»Das war eine tiefgehende Umbruchsphase«, erinnert sich Kern an diese Jahre. »Und das System war nicht in der Lage, zu erkennen, auf welche Form von Veränderung es zusteuert. Als jemand, der von außen kommt, und der jung ist und etwas erreichen will, hattest du da einen immensen Vorteil. Ich habe das Unternehmen in all seinen Verästelungen kennengelernt. Es gab wohl kaum jemanden, der das Unternehmen so sehr im Detail gekannt hat. Du musst verstehen, wie die Wertschöpfungsabläufe sind, weil sonst kannst du ja nicht verstehen, wie sich Entscheidungen zu einer Strategie fügen. Du kannst dich nicht einfach nur um deine begrenzte Aufgabe kümmern. Wenn du das Gesamtbild nicht kennst, kannst du auch nicht in deiner Bereichswelt gut sein. Ich bin jeden Tag mit der Fachliteratur ins Bett gegangen. Und deshalb habe ich auch jeden Morgen gewusst, was da oder dort vor sich geht, wie sich die Märkte entwickelt haben. Das hat dann eben auch dazu geführt, dass ich die Abteilung für strategische Planung bekommen habe. Wir sind dann ins Deutschlandgeschäft eingestiegen. Und das wichtigste Ziel war, den Markt zu verbreitern.«

Der Verbund war bis dahin an einige Staatsbetriebe als Kunden gebunden. Den Energiemarkt gab es bislang nicht:

Der Verbund produzierte Strom, und er hatte in den Landesenergiegesellschaften eine Handvoll Abnehmer. »Nach der Liberalisierung war das anfänglich ein reiner Käufermarkt«, sagt Kern, »das heißt, die Abnehmer haben im Grunde dem Produzenten diktiert.« Bei der Austria Power Trading kommt Kern in den Vorstand.

»Wir sind damals in das Endkundengeschäft eingestiegen. Der Verbund, der früher 15 Kunden hatte, wurde zu einem echten Player auf den internationalen Märkten. Das war eine richtig coole Zeit, und es hat mir großen Spaß gemacht. Wir haben über zwei Milliarden Umsatz gemacht, unsere Tochtergesellschaft war ja das Herz der Vermarktung. Und wir haben ein neues Preissystem entwickelt, das sich an den Börsen orientiert hat. Das Ziel war, den Übergang von einem Käufer- zu einem Verkäufermarkt zu erreichen. Wir waren ein unglaublich kreatives Team, in dem ich gerne gearbeitet habe, und unsere Annahme war, dass das Unternehmen eine dramatische Wertsteigerung erfahren würde, wenn wir die Verträge auf transparente Preise umstellen. Mit jedem Schritt der Marktöffnung gab es mehr Teilnehmer, und die Erzeuger haben einen fairen Preis erhalten. Ich war darauf sehr stolz, denn die Großen haben uns das hinterher nachgemacht, sie sind sogar zu uns gekommen, und haben sich das bei uns angesehen. Was wir damals eingeführt haben, bedeutete auch ein massives Zurückdrängen des politischen Einflusses, da vorher die Preise und die Geschäftsverbindungen im Grunde politisch bestimmt waren. Am Höhepunkt dieser Modernisierung war der Verbund das wertvollste österreichische Unternehmen – das ist dann hinterher ein wenig in Vergessenheit geraten, als es wieder in die andere Richtung ging.«

Kern legt die Eigenschaften an den Tag, die immer wieder genannt werden, wenn man Leute nach ihm fragt:

Freundlichkeit, Fleiß, Biss, Energie. »Das Bemerkenswerte ist ja, dass mein Aufstieg im Unternehmen in die schwarz-blaue Ära fällt.« Zwar hatte er mit Hannes Sereinig einen sozialdemokratischen Förderer, aber Vorstand, Aufsichtsrat und zuständige Ministerien sind in ÖVP-FPÖ-Hand. Verbundchef Hans Haider ist fest vernetzt in konservativen Seilschaften, im Aufsichtsrat haben Leute wie der Industrielle Alfred Heinzel oder der Frank-Stronach-Mann Siegfried Wolf entscheidende Worte mitzureden, und Wienerberger-Chef Erhard Schaschl präsidiert im Aufsichtsrat. Gegen den Willen der Schüssel-Leute und der Haider-Abgesandten geht wenig im Verbund. Aber der Aufsichtsratschef macht sich auch für eine vorausblickende Human-Resources-Politik stark. Die Besten im Betrieb sollten gefördert werden. Kern: »Die Führungskader in Unternehmen wurden bewertet, mithilfe einer Headhunter-Agentur. Ich habe die besten Noten bekommen. Das hat mir sehr geholfen.«

Am Ende eines kuriosen Verfahrens zieht Kern dann sogar in den Vorstand des Unternehmens ein – auch wenn Wirtschaftsminister Martin Bartenstein mit allen Mitteln versuchte, Kerns Aufstieg zu verhindern. Gefördert wurde dieser Aufstieg aber zunächst jedenfalls auch von Leuten, die man eigentlich zur schwarz-blauen ÖVP-FPÖ-Seilschaft gezählt hätte. 2007 machen sich auch noch die Betriebsräte für Kern stark, und pilgern mit dieser Botschaft sogar zu Alfred Gusenbauer, der eben Bundeskanzler geworden ist. »Ich bin sehr gehangen an dem Unternehmen«, sagt Kern heute. Im Verbund lernt er auch seine zweite Frau, Eveline Steinberger kennen, eine Energiemanagerin und Expertin für erneuerbare Energien. Mit ihr hat Kern heute eine neunjährige Tochter.

VOM ENERGIEMANAGER ZUM BAHNCHEF

Der Aufstieg im Verbund brachte Kern zugleich auch in die Nähe seiner nächsten Karrierestufe: »Es gibt echt Zufälle, die glaubt dir kein Mensch. Aber der Egon Zehnder, der Personalberater, der die Führungskader-Beurteilung im Verbund durchführte, der hatte dann einige Jahre später den Auftrag erhalten, einen neuen Vorstandsvorsitzenden für die Bahn zu suchen. Und er kannte mich ja, und brachte mich deshalb mit ÖBB-Aufsichtsratschef Horst Pöchhacker zusammen. Ich hatte Horst Pöchhacker vorher nie getroffen. Ich wusste natürlich, wer das ist, aber wir sind uns eben noch nie begegnet bis dahin. Erst Zehnder hat mich mit ihm bekannt gemacht. Es gab dann ein Gespräch, ein zweites, ein drittes, ein viertes. Ich war schon sehr zögerlich, weil ich natürlich wusste, bei der Bahn wird das ökonomisch eine riesige Herausforderung. Und du stehst, auch das war mir klar, im Lichtkegel der Öffentlichkeit. Im Verbund-Vorstand ist es schon viel, wenn du einmal im Jahr in der Zeitung stehst mit einem größeren Artikel. Aber als Bahnchef bist du unter permanenter Beobachtung.«

Kern überlegt herum, zögert wochenlang. Das Einkommen als Bahnchef war geringer als dasjenige, das er zuletzt als Vorstandsmitglied im Verbund erhalten hatte. »Irgendwann saß ich daheim am Sofa und dachte mir: Wenn ich den Job annehme, und ihn dann irgendwann verliere, wird mich das persönlich auch nicht aus der Bahn werfen. Ich werde den Job ordentlich machen, und wie immer es läuft, ich werde auf jeden Fall mit erhobenem Kopf rausgehen. Da entschied ich, ich mache es. Denn es ist einer der interessantesten Führungsjobs im ganzen Land, aber ich wusste auch, dass viele meiner Vorgänger vorzeitig abgelöst worden waren. Erst als ich mir klargemacht habe, dass es mir gleich ist, Macht, Einfluss und öffentliches Ansehen wieder zu verlieren, habe ich mich entschlossen. Das war dann wieder eine Kopfentscheidung: Ich möchte es mal probieren.«

Ein schwieriges Kommando. Die Bahn ist defizitär, und auch wenn Kern das operative Ergebnis schnell ins Positive dreht, so werden bestimmte Bereiche immer auf öffentliche Gelder für Infrastrukturinvestitionen angewiesen bleiben. Wer die Bahn kostendeckend führen will, dürfte keine Tunnel durch Berge schlagen und schon gar nicht die Südstrecke ausbauen und beschleunigen – betriebswirtschaftlich rechnet sich das nicht. Aber als Infrastruktur für das Land rechnet es sich volkswirtschaftlich allemal. Zugleich sind die Bahn und die mit ihr verbundenen Industrien ein Innovationscluster im Land, sodass Investitionen nicht nur auf die ÖBB, sondern auch auf andere Betriebe und ganze Branchen positive Auswirkungen haben. Aber gerade wegen dieser Eigenschaft der Bahn, die nie nach rein betriebswirtschaftlichen Kriterien allein beurteilt werden kann, ist sie auch ein ewiger Spielball für die Politik, sodass sie schnell in parteipolitische Streitigkeiten hineingerät. Andere Unternehmensteile sind zu Beginn von Kerns Vorstandsjob defizitär: Wie etwa die Unternehmenstochter Rail Cargo Austria, die für den Gütertransport zuständig ist. Und außerdem hat das Unternehmen ein schlechtes Image: Es gilt als Hort miesen Kundenservices, öder Unternehmenskommunikation und privilegierter Beschäftigter, die sich mit Ende vierzig in die Pension davonstehlen. Ob berechtigt oder unberechtigt: Das ist das Image der Bahn, als Kern übernimmt. Als Beschäftigter war man damals nicht gerade stolz darauf, Eisenbahner zu sein.

Kern senkt Kosten und Personalstand, erhöht Preise. Ob Kern die Bahn energisch konsolidierte oder aber von Entscheidungen profitierte, die bereits seine Vorgänger getroffen hatten, und vieles sich in der verschachtelten Unternehmensbilanz unterschiedlich darstellen lässt, wird je nach Stand punkt bewertet. Klar ist: In einem Unternehmen, wo der Bau von Tunnels und die Neuanlage von Streckenführungen von Planung bis Fertigstellung leicht zwanzig Jahre dauert, erntet jeder Vorstandsvorsitzende logischerweise die Früchte und auch die Fehler seiner Vorgänger. Das kann schon aus logischen Gründen gar nicht anders sein. Von »strategischer Unternehmensführer« bis »kreativer Zahlentrickser« reichen die Urteile über Kerns Wirken.

Aber es sind doch einige Dinge unbestritten. 2010 beträgt der ÖBB-Verlust 329 Millionen Euro, 2011 sind es nur noch 28 Millionen, in seiner letzten Bilanz, 2015, hatte die Bahn dann schon satte operative Gewinne von knapp 193 Millionen Euro. Kern reduziert den Personalstand um sieben Prozent, gerade im mittleren und gehobenen Managementbereich werden viele Stellen gestrichen. Normaler Personalabbau vollzieht sich primär über natürliche Abgänge. Die Botschaft: Ja, wir müssen wirtschaftlicher werden, aber wir machen es sozial gerecht. »Das Personal ist freundlicher, der Service insgesamt deutlich besser geworden«, resümierte das »profil« schon ein Jahr nach Kerns Amtsantritt als Bahnchef. Kern erweist sich vor allem als talentierter Kommunikator und Motivator. Kommt Kern in den Bundesländern an einem Bahnhof vorbei, und sei es in der kleinsten Bezirksstadt, macht er eine Grüßrunde bei den verdutzten Mitarbeitern, die oft nicht einmal wissen, dass hier ihr Chef vor ihnen steht. Wenn eine Kundenbeschwerde eintrifft, antwortet das Unternehmen binnen weniger Stunden, und wenn es ein Lob durch einen Kunden gibt, etwa, weil ein ÖBB-Bediensteter sich unerwartet und übermäßig kundenfreundlich verhalten hat, dann kommt es nicht selten vor, dass dieser freundliche Bedienstete einen

Anruf vom Chef persönlich erhält, in dem dieser das Lob mit Dank weitergibt. Man kann jetzt natürlich sagen: Das ist aber wirklich sehr freundlich von Christian Kern. Aber primär ist es natürlich eine smarte Managementstrategie. Denn solche Anrufe sprechen sich herum. Und wer vom Chef gelobt wird, der geht mit erhobenem Kopf durch den Arbeitsalltag und erzählt den Kollegen, »das glaubst du nie, wer mich gerade angerufen hat«. Irgendwann sind die mürrischen Schaffner praktisch ausgestorben. Und nach einiger Zeit hat das Unternehmen ein viel besseres Image.

Als Bahnchef steht Kern im Fokus der Aufmerksamkeit und gerät auch immer wieder in parteipolitischen Zank hinein – eben weil die Bahn kein normales Unternehmen ist. Die ÖBB sind so vielfältig verschachtelt, dass jeder sich natürlich Zahlen herauspicken kann, wie es ihm gefällt. Da die Infrastrukturminister von der SPÖ gestellt werden, sind die ÖBB naturgemäß Lieblingsziel von Kritik der ÖVP in der gar nicht harmonischen Koalition, und da Kern bald auch noch als geheime Kanzlerhoffnung der SPÖ gilt, erst recht. »Aber es ist doch unbestritten, dass wir die operativen Ergebnisse von Verlust auf Gewinn gedreht haben«, sagt Kern. »Das sind doch alles harte Fakten, und nichts, was man so oder so sehen kann. Wir haben die ÖBB zur pünktlichsten Bahn der Europäischen Union gemacht und zu der mit der höchsten Kundenzufriedenheit. Wir haben zuletzt den profitabelsten Güterverkehr in Europa gehabt, das kam ja nicht aus dem Nichts – wir haben die Auslastung massiv erhöht, wir haben auch etliche unrentable Güterbahnhöfe geschlossen, neue Preismodelle entwickelt, das Unternehmen restrukturiert und verschlankt.« Der »Trend« erklärt Kern zum Manager des Jahres, und im »Industrie-Magazin« wählen die Managerkollegen Kern 2015 zum einflussreichsten Wirtschaftsboss des Landes. »Das ist immerhin die Peergroup der wichtigsten Industriellen und Manager, da freut man sich natürlich«, sagt Kern.

ALS MANAGER IN DER POLITIK – EIN PAAR FRAGEN DES (FÜHRUNGS-)STILS

Der Manager und der Politiker – was haben sie gemein? Das ist gar keine so nebensächliche Frage. Denn Kern war schließlich beinahe 20 Jahre in großen Unternehmen tätig, bevor er in die Politik zurückwechselte, und rund 18 Jahre davon in Führungsfunktionen. Das sind prägende Berufsjahre. Lange genug, um sich einen Stil anzutrainieren.

Der Stil, den der Manager Kern entwickelt hat, der wird uns wohl auch beim Politiker Kern begegnen. Und wir können bestimmt auch die Art, wie der Manager Kern mit Krisen umgegangen ist, vom Politiker Kern erwarten. »Ich würde sagen, er ist primär ein Einzelplayer«, ist von Vertrauten zu hören. »Gegenüber Eigentümer und Aufsichtsrat baut er Vertrauen auf, aber genau deshalb, um ungestört entscheiden zu können. Er berät sich mit anderen, sieht sich aber als die letzte Entscheidungsinstanz. Er gräbt sich in die Details ein und gibt Entscheidungen nicht ab.« Ein enger Freund meint, wenn Kern einmal wieder auf Solist mache, dürfe man das nicht überschätzen: Kern presche gern einmal vor und sehe dann nicht nach links und rechts und sei dann sehr auf sich bezogen – bis er sich selbst wieder einfängt. Da hat er etwas Ungeduldiges. Ein anderer Weggefährte erzählt, dass Kern stets derart exzellent vorbereitet sei, dass er sich lange fragte, ob das eine Art Maske sei oder authentisch: »Manchmal hat man den Eindruck, er umgibt sich zu gerne mit Leuten, die ihm huldigen, und dann stellt man aber zugleich fest, es sind gerade die seiner Mitarbeiter, die ihm offen widersprechen, die etwas geworden sind.«

Eine der engsten Vertrauten Kerns ist die ehemalige Staatssekretärin und Siemens-Managerin Brigitte Ederer, vor allem, nachdem sie als ÖBB-Aufsichtsrätin die oberste Kontrollinstanz für den Bahnchef wird. »Die Gitti ist eine ganz wichtige Gesprächspartnerin, weil sie die Offenheit hat, auch weniger erfreuliche Dinge schnörkellos auszusprechen«, erzählt Kern.

Als Aufsichtsrätin war Ederer einerseits Chefkontrolleurin, andererseits Mentorin und auch Freundin von Kern. »Es ist phänomenal, in welcher Weise er die Bahn entstaubt hat«, erzählt mir Ederer am Telefon – zufälligerweise gerade, während ich mit der Bahn durch den Tunnel fahre. Die Verbindung reißt dennoch nicht ab. »Er hat eine blitzschnelle Auffassungsgabe und es ist beeindruckend, wie er die Leute mitnimmt. Das sind seine Stärken«, fährt Ederer fort. »Zugleich hat er aber auch die absolute Überzeugung, dass er – und nur er – das Unternehmen führt. Und da bildet er sich manchmal ein, nur er weiß genau, wie man es machen sollte. Und er hat da ja oft auch recht. Aber er muss sich dann auch die Zeit nehmen, die Leute mitzunehmen im Team. Und die Eigentümervertreter auch zu überzeugen. Und da ist er dann schwer runterzubringen. Da sagte ich dann schon gelegentlich: So geht's nicht. Du verlangst zu viel.«

In der zweiten Etage der ÖBB-Zentrale am Hauptbahnhof hat die Belegschaftsvertretung der Bahnbeschäftigten ihr Quartier. »Wir haben hier noch eine bessere Aussicht als die Chefs – wir sind nämlich auf Augenhöhe mit den Schienen«, sagt Roman Hebenstreit und lacht. Der 46-Jährige war früher

Triebfahrzeugführer und ist seit 2011 Zentralbetriebsrat des Unternehmens. Seit Kurzem ist er zudem auch noch Chef der Dienstleistungsgewerkschaft VIDA, zu der die Eisenbahner gehören und gilt als heißer Tipp für den Posten des nächsten ÖGB-Chefs. Hinter seinem Schreibtisch im Betriebsratsbüro hängen vier Plakate der Berliner Volksbühne aus den neunziger Jahren. Die Poster mit der eigenwilligen Typografie haben längst Kultstatus. Wer sich Eisenbahnergewerkschafter als Proletarier der alten Schule und Betriebsratsbüros irgendwie düster und verstaubt vorstellt, der hätte hier eine Art Rendezvous mit der Realität. Hier ist alles superlässig, superschick und sehr zeitgemäß. Der Betriebsratsvorsitzende und sein Konzernchef hatten ein eigentümliches Verhältnis – fast Freunde, dann doch wieder Reibebäume. Mehrmals hat Kern Hebenstreit das Duwort angeboten – der hat es abgelehnt, solang Kern als Konzernboss sein Gegenüber war. »Manchmal haben wir uns am Telefon richtig angeschrien, da sind wir dann ins Du gefallen«, lacht Hebenstreit. »Da haben wir uns schon ordentlich gefetzt. Aber im Grunde haben wir uns immer gut zusammengerauft. Kern hat ein gutes Sensorium für den Konsens.« Man kann sich irgendwie schon vorstellen, dass mit Kern und Hebenstreit zwei Alphafiguren aufeinanderprallten. Da der ehrgeizige Unternehmensführer, der etwas beweisen will – und dort der energetische junge Gewerkschafter, der sich nicht als bloßer Repräsentant von Arbeiterinteressen sieht, sondern als zentraler Stakeholder des Unternehmens. Zwei, die sich überraschend ähnlich sind, sich gelegentlich ineinander verhaken, aber am Ende doch gut miteinander können. »Kerns Selbstbewusstsein gegenüber den Ministern beispielsweise«, erzählt Hebenstreit, »hat von Jahr zu Jahr zugenommen. Zuerst war er mit Doris Bures als Ministerin konfrontiert, dann mit Alois Stöger, dann mit Gerald Klug. Er hat das schon immer mehr spüren lassen, dass er im Grunde selbst mehr von Bahn und Infrastruktur versteht als die Politiker.«

KERN UND SEINE NIEDERLAGEN

Man könnte meinen, das Berufsleben Kerns ist eigentlich eine krisenfreie Kurve, die immer nach oben zeigte. »Ich hab', im Nachhinein gesehen, offenbar ein gutes Timing gehabt«, erzählt Kern. Eine wirkliche Niederlage muss er nur einmal einstecken. Ende der neunziger Jahre, Kern war damals frisch beim Verbund, erhält er das Angebot, ORF-Generalsekretär zu werden – vom damaligen ORF-Boss Gerhard Zeiler, also von seinem späteren Kurzzeit-Rivalen um die Kanzlerschaft. Gerhard Weis, der interimistisch die Generalsekretärs-Agenden ausübte, hatte Kern schon mit Ratschlägen versorgt, wie man so eine Aufgabe anlegt, Zeiler und Kern waren ohnehin handelseins. »Das war schon weit gediehen.« Doch dann wechselt Zeiler zu RTL nach Deutschland. Und aus dem Job, auf den sich Kern mental schon eingestellt hatte, wurde nichts. »Da hatte ich eine gewisse Enttäuschung. Und das hat mir gezeigt, wie man mit solchen Enttäuschungen umgehen muss. Im Nachhinein gesehen war das natürlich ein Riesenglück.« Natürlich ist ein Managerleben nie krisenfrei. »Wer sagt, er hat immer die richtigen Entscheidungen getroffen, ist ein Scharlatan. Wenn du gut bist, sind 60 Prozent der Entscheidungen richtig. Wenn du ganz gut bist, zwei Drittel. Daher muss man immer mit Niederlagen umgehen, sich die Resultate von Entscheidungen ansehen und sie notfalls korrigieren. Aber das sind ja keine Krisen in dem Sinn, dass du das Gefühl hast, einen Abgrund runterzufallen.«

Im Unternehmen formulierst du Ziele, lokalisierst Probleme und versuchst sie zu lösen. Kern ist da Sachmensch, spricht von »faktenbasierten Entscheidungen«. Man muss nicht lange mit Kern reden, bis er eine dieser Formulierungen bringt, in denen sein Selbstbild zum Ausdruck kommt, ein »Kopfmensch« zu sein. An jeder Weggabelung seiner Karriere spricht er von »Kopfentscheidung statt Emotionsentscheidung«. Einer seiner neuen Mitarbeiter im Kanzleramt erzählt: »Sein Arbeitsstil ist ganz anders als der anderer Politiker. Er denkt ganz anders. Themenspezifisch und zielorientiert. Das heißt, er überlegt, was wäre die richtige Lösung und wie kommt man zu ihr. Aber er denkt da nicht wirklich politstrategisch, wie das so viele tun. Im Sinne von: Welchen Nutzen bringt mir das in einem Jahr, und in welche Sackgasse kann ich den politischen Gegner mit etwas taktischem Geschick manövrieren? Oder: Inwiefern nützt mir das, um innerparteilichen Rückhalt zu organisieren oder gar zu erkaufen? Solche Überlegungen stellt Kern nicht an. Man kann das eine Stärke oder eine Schwäche nennen.«

Eine Stärke – weil das ja genau das ist, was die Bürger von einem Politiker eigentlich erwarten. Eine Schwäche – weil es vielleicht auch naiv ist und übersieht, dass es in der Politik nicht nur um die besten Lösungen und Argumente geht, sondern primär um Macht, um Vorteile und Terraingewinne im Zentimetermaßstab. Pointiert gesagt: Was nützen die besten Konzepte, wenn man nicht darauf achtet, dass man die Macht hat, sie auch durchzusetzen? Ob das eher eine Stärke oder eine Schwäche ist, wird man erst sehen. Aber vielleicht ist die Frage auch einfach falsch gestellt. Kern ist kein Zauderer, der sich in Jahren im politischen Betrieb den Vorsichtsmodus antrainiert hat und sich dementsprechend kleine Ziele setzt. Wer kleine Ziele formuliert, wird niemanden begeistern können. Wer aber große Ziele formuliert, der kann auch in unseren Zeiten noch deutliche Mehrheiten gewinnen.

Kern sagt oft, man kann eine Partei oder eine Regierung nicht wie ein Unternehmen führen. In Unternehmen gibt es einen Chef, und alle rudern im Boot in die gleiche Richtung. Schlimmstenfalls rudern drei nicht mit, während sich die fünf anderen abrackern. Wer aber ein Loch ins Boot hackt, während die anderen rudern, wird in einem Unternehmen keine lange Zukunft haben. In der Politik wird man solche Leute aber nicht einfach los – weder beim Koalitionspartner, noch am Regierungstisch und auch in der eigenen Partei nicht. Jedenfalls, solange diejenigen, die sich in Obstruktion üben, irgendeine Machtbasis oder einen mächtigen Gönner haben, sodass man sie nicht einfach vor die Tür setzen kann. Aber das ist noch nicht einmal der gravierendste Unterschied zwischen der Führung eines Unternehmens und, beispielsweise, einer Partei. Denn im Grunde kann man weder als Manager noch als Politiker in der Demokratie autokratisch agieren. Als Manager braucht man motivierte Mitarbeiter. Man kann zwar auf die Mechanismen von Befehl und Gehorsam setzen – aber nur, weil man es theoretisch kann, ist man noch lange nicht gut beraten, es zu tun. Und genauso braucht man als Politiker Mitstreiter und Parteiaktivisten, die begeistert mittun, denn zwingen kann man auch hier niemanden.

»Es gibt aber einen gravierenden Unterschied in den Führungsstilen in Politik und Unternehmen«, räsoniert Christian Kern. »In der Politik kannst du zwar größere und auch sehr viele Dinge beeinflussen, aber mehr wirkliche Gestaltungsmacht hast du im Unternehmen. Du hast eine viel klarere Zusammenführung von Verantwortlichkeit und Kompetenz und du hast Strukturen, die du benutzen kannst, um Ziele zu erreichen. Und wenn du sie nicht hast, dann baust du sie dir. Am Ende kannst du am Ergebnis ablesen, ob du eine richtige Strategie hattest und ob du sie gut verfolgt hast. In der Politik fehlt so ein Maßstab aber, dadurch wird vieles beliebiger. Alles kann man so oder so darstellen, und es fühlt sich an wie ein Wackelpudding. Spezialisten können sich über viele heikle Dinge drüberschwindeln. Das kannst du in Unternehmen nicht. Da kannst du einmal ein Quartal lang eine Geschichte erzählen, oder zwei Quartale lang, aber länger nicht. Es gibt in der Politik keinen Mangel an Konzepten, es gibt tausende Think-Tanks, die Papiere produzieren, aber die eine Frage bleibt oft unbeantwortet: Wie kommen wir vom Ausgangspunkt A zum Ziel B?«

Wir haben uns in Kerns Büro in der Parteizentrale der SPÖ in der Löwelstraße verabredet. Es ist spätabends, ein langer Kanzlerarbeitstag liegt hinter Kern, und er lehnt am Fenster des frisch renovierten Erkerzimmers. Ob er sich als Lonely Decider sieht, frage ich ihn. Kern denkt nach.

»Ich versuche so viele Quellen wie möglich zu hören, und wenn ich eine Entscheidung treffe, dann entscheide ich«, antwortet er. »In einem Unternehmen hast du klare Strukturen. In der Politik sind die Strukturen anders, teilweise fehlen sie. Da hast du sozusagen Spielraum: Was entscheide ich ganz alleine, was entscheide ich unter vier Augen – beispielsweise gemeinsam mit dem zuständigen Fachminister –, was entscheiden wir kollektiv im Parteipräsidium? Das musst du in der Politik flexibel halten, weil die Strukturen nicht so klar sind wie im Unternehmen. Aber ich nehme für mich in Anspruch, ein hohes Maß an Selbstreflexion zu haben. Wenn mir jemand sagt, überleg dir diese oder jene Sache noch einmal, das ist ein Blödsinn, was du da vorhast, dann ist das, auch wenn ich widerspreche, ja nicht so, dass ich mich damit nicht auseinandersetze.«

Ob das auch als Bundeskanzler noch geht – angesichts des Taktes und der Anforderungen, die auf einen täglich niederprasseln? Verfällt man da nicht notwendigerweise in eine permanente Verteidigungshaltung?

»Es mag sein«, so Kern, »dass man sich diese Verteidigungshaltung aneignet. Aber in stillen Minuten muss man sich die Fähigkeit erhalten, in Ruhe nachzudenken und, wenn nötig, zu korrigieren. Ich habe wirklich diese Gelassenheit. So wie ich in einem Falter-Interview gesagt habe: ›Ich häng' ja nicht an der Politik wie die Sau am Leben.‹ Ich habe ja auch immer das Interesse gehabt, die unterschiedlichsten Dinge miteinander zu verbinden. Ich interessiere mich für Sport, ich interessiere mich für Kunst und Kultur, und glaube, dass ich da so weit gebildet bin, dass ich zumindest mitreden kann. Das gibt immer interessante Erfahrungen. Das macht das Leben einfach interessanter, damit man nicht eindimensional wird. Das hilft einem dann auch in anderen Bereichen. Man lernt aus der Kunst Dinge, die man in der Wirtschaft oder in der Politik sehr gut gebrauchen kann.

Ich hab' zum Beispiel oft gesagt, vergesst in der Managementliteratur das ganze neumodische Zeug. Alles, was du wissen musst, findest du bei Shakespeare, insbesondere in den Königsdramen. Wie erlangst du Macht? Wie gehst du mit Macht um? Was macht sie aus dir? Wie gehst du mit den Leuten um? Wie machst du Recruiting, wie schmiedest du ein Team zusammen? Dann der ganze Hofstaat von Adoranten, Opportunisten, den Leuten, die sich kleine Vorteile erhoffen, und wieder andere, die primär ihr Obstruktionsbedürfnis ausleben, nur in der Hoffnung, dass andere einen Schaden daraus haben. Und ganz wichtig ist die Gewissheit, dass das alles nur geborgt ist, weil es gibt ja kein Königsdrama, wo der König überlebt, oder wo er nicht wenigstens dem Wahnsinn anheimfällt. Das hat – im metaphorischen Sinn – immer meine Haltung geprägt: Wenn du eh weißt, wie es ausgeht, weil am Ende gibt es eine große Blutlacke und alle liegen ausgestreckt am Boden, auch der König ist tot, und am Rand steht vielleicht noch einer und wimmert und der Hofnarr hat es vielleicht überlebt, also: wenn du das weißt, dass dieser Moment kommt, dann gehst du auch persönlich mit dem sicheren Verlust der Macht anders um. Und das gilt auch für mich als Kanzler: Als Mensch und Person solltest du dich nicht zu sehr über diese Sache definieren. Ich war erst unlängst auf einer größeren Feier, und man hat mir stundenlang auf die Schultern geklopft. Wenn du Kanzler oder Spitzenmanager eines Großkonzerns bist, dann bedeutet das: Wo du hingehst, sagen dir alle nur – du bist so toll. Aber ich bin weggegangen und hab' mir gedacht: Nimm das nicht so ernst.«

Natürlich ist die Frage nach Kerns Managementstil gerade deshalb interessant, weil die Arbeitsmethoden und sein Zugang zu Problemen auch seinen Stil als Kanzler prägen. Als Parteivorsitzender ist man Primus inter Pares in einem kleinen Kreis. Als Bundeskanzler steht man, theoretisch zumindest, dem Ministerrat vor – so ähnlich wie als Vorstandsvorsitzender den Vorstandskollegen. »Führungsstil kann etwas bewirken, selbstverständlich«, sagt Maria Maltschnig. »Aber mit Führungsstil alleine kannst du in der Politik nicht massiv etwas bewirken. Das war vielleicht eine Überraschung für Kern. Dass das, was am Ministerratstisch geschieht, und die Atmosphäre, die in solchen Arbeitszusammenhängen geschaffen wird, schon wichtig sind, aber eben auch nur begrenzt. Er hat geglaubt, man könne mit dem Koalitionspartner besser ins Arbeiten kommen, wenn man die Atmosphäre in Richtung Sachlichkeit beeinflusst. Aber du kannst natürlich nicht ins Arbeiten kommen, wenn es am Ministerratstisch einen

Teil gibt, der das Ziel hat, gerade das zu boykottieren, und der weiß, dass er keine negativen Konsequenzen zu tragen hat.«

WIE KERN TICKT

Die Details kennen (»Kern wollte seinem Gegenüber vom Wissen her immer auf Augenhöhe gegenübertreten, auch wenn der ein Fachexperte ist«, berichtet ein Vertrauter aus den Tagen bei der Bahn). Die Kontrolle behalten. Die Fäden so knüpfen, dass die Letztentscheidung bei ihm selbst bleibt. Die Gewissheit, dass man Fleiß durch nichts ersetzen kann, nicht durch Brillanz oder Talent oder Genie. Das sind ein paar der Arbeitsprinzipien Kerns. Oder soll man besser sagen: Charaktereigenschaften, die seinen Arbeitsstil prägen? Zugleich ist er jemand, der auch im erweiterten Kreis – nicht nur unter engen Vertrauten, unter denen er sich sicher fühlt – »die Dinge offen ausspricht, nicht erst lange abwägt, bis nichts mehr übrig bleibt«. Er besitzt Geradlinigkeit und einen Hang zu lakonischen Witzen.

Als Parteivorsitzender und Kanzler ist Kern natürlich in vielfacher Hinsicht in einer anderen Lage als früher, als Unternehmensmanager. Zunächst, weil er als Kanzler mit einem Koalitionspartner regiert, dessen Ministern er nichts anordnen kann. Ganz im Gegenteil. Wenn einzelne Minister wegen innerer Machtkämpfe in der ÖVP offen als Oppositionelle und Obstrukteure in der Regierung agieren, dann hat er kaum eine Handhabe dagegen. Als Parteivorsitzender wiederum ist Kern zwar unumstrittene Nummer eins, aber doch auch nur ein Vektor in einem Kräftegleichgewicht. Da gibt es den Parlamentsklub, der ein eigenes Biotop ist. Da gibt es die

Landesorganisationen der SPÖ, die sich oft als die primären Machtzentren der Partei sehen – oder sich zumindest vom Bundesvorsitzenden nicht gerne etwas reinreden lassen. Der Machtradius eines Bundeskanzlers ist also begrenzt, auch wenn Vertraute Kerns durchaus meinen: »Er unterschätzt ein wenig seine Wirkungsmacht.«

Hinzu kommt: Kern kam von außen an die Parteispitze, und sein Aufstieg, sosehr er in weiten Teilen der Partei ersehnt war, erschütterte die Partei auch. Es war nun einmal keine freundschaftlich verabredete Amtsübergabe – sondern ein chaotischer Sturz des Vorgängers. Bei Palastrevolten dieser Art gibt es, selbst wenn kaum jemand Werner Faymann nach-trauert, doch auch Verlierer, es werden Wunden geschlagen, es bleiben Ressentiments zurück – und sogar Revanchegelüste. In einer solchen Situation hatte er im Prinzip zwei Möglich-keiten: Entweder aus der Palastrevolte eine veritable Revolu-tion zu machen und die alten Apparatstrukturen zu zerschla-gen, starke Figuren in die Politik zu holen, keinen Stein auf dem anderen zu lassen – um den Preis, dass er mindestens für eine gewisse Zeit das Chaos noch verstärkt hätte. Die andere Möglichkeit war es, vorsichtig vorzugehen, ein paar Leute im Apparat an neue Stellen zu setzen, langsam neue Teamstruktu-ren zu entwickeln, ohne noch mehr Leute vor den Kopf zu sto-ßen. Mögliche Rivalen einzubinden. Beleidigten oder jenen, denen Wunden geschlagen wurden, Versöhnungsangebote zu machen. Das ganze Programm aus dem Lehrbuch der Macht, Kapitel »Konzilianz«. Kern hat sich – wohl eher instinktiv – für die zweite Variante entschieden. Und damit auch gegen die großen, spektakulären Veränderungen. Georg Nieder-mühlbichler, zuletzt Wiener Landesgeschäftsführer der Par-tei, wurde zum Bundesgeschäftsführer – auch weil er einfach schon da war und in der Zeit des Interregnums die Agenden

des Bundesgeschäftsführers übernommen hatte. Niedermühlbichler ist ein stiller, effektiver Manager. Zugleich machte er
genau das, was Kern von ihm erwartete: Ohne viel Wirbel zu
verursachen, machte er die Parteizentrale wieder arbeitsfähig,
er installierte eine Handvoll guter junger Leute, die out of the
box denken und nicht wie langgediente Apparatschiks, und er
konsolidierte die nicht gerade finanzstarke Bundes-SPÖ wirtschaftlich.

Alles lief nach dem Muster ab: langsam und zugleich
zügig genug, um, ohne große Fehlerquellen zu verursachen
und weitere Konflikte zu produzieren, ein funktionstüchtiges
Räderwerk herzustellen. Durchaus in dem Stil, den man im
Englischen *managerial* nennt – salopp gesagt: »manager-
haft« –, womit gemeint ist, dass man Unternehmensteil für
Unternehmensteil einem verantwortlichen Abteilungsleiter überantwortet, Effizienzziele definiert, die man nicht mit
einem Schlag, aber zügig erreicht. Ohne große Gesten und
Knalleffekte. So entsteht ein Team effektiver Arbeiter, aber
nicht unbedingt eine Mannschaft knorriger Charaktere mit
Ecken und Kanten. Spricht man mit Kern über sein Regierungsteam, sagt er: »Sonja Hammerschmid, die Bildungs-
ministerin, die früher Chefin der Rektorenkonferenz war,
Muna Duzdar, die Staatssekretärin, eine Anwältin, die an der
Sorbonne ausgebildet wurde, Jörg Leichtfried, der Infrastrukturminister, der schon im Europaparlament sehr gute Arbeit
geleistet hat – das sind alles Leute, die erstens gar nicht so sehr
aus dem Apparat der Profi-Politik kommen, und zweitens
alles Leute, die einen Track-Record haben. Das Einzige, was
man ihnen vorwerfen kann, ist, dass sie sich nicht in die erste
Reihe und ins Rampenlicht drängen.« Aber kann das nicht
auch ein Manko sein, in einer medialen Welt, in der Politiker
auch Kommunikatoren und am besten sogar Showmaster sein

müssen? Kern hört solche Fragen nicht gerne: »Wenn man sich jede und jeden Einzelnen ansieht, dann wird klar, nach welchen Kriterium sie ausgewählt wurden: dass sie den Job können.«

In der Regierung kommt Kunstminister Thomas Drozda dem »Second in Command« am nächsten, der Kern auch Arbeit abnimmt. Kern: »In diese Rolle ist Thomas nach und nach hineingewachsen.« Ein enger Kreis trifft sich einmal in der Woche zu einer Strategiesitzung, meistens Montag, dem Tag in der Woche, an dem Kern nicht in seinem Büro im Kanzleramt arbeitet, sondern in seinem Zimmer in der Partei-zentrale – eine Usance aus Kreisky-Zeiten, die Kern wieder-belebt hat, um auch durch seine physische Anwesenheit zu demonstrieren, dass sich der neue Vorsitzende persönlich um die Modernisierung der SPÖ kümmert, und um auch eine Nähe zu den jungen Mitarbeitern der Parteizentrale aufzu-bauen. Mit dabei in dem wöchentlichen Strategiekreis: Kern, Drozda, Parteigeschäftsführer Niedermühlbichler, Andreas Schieder, der Klubobmann im Parlament, Chris Berka, Kerns Kabinettchef im Kanzleramt, und Renner-Instituts-Chefin Maria Maltschnig. »Mir ist wichtig, mit Leuten zusammen-zuarbeiten, die ich auch persönlich mag«, erzählt Kern. »Das ist dann schon auffällig, dass man sich auf Leute verlässt, wo auch persönlich die Chemie stimmt.«

Womöglich trägt Kern in gewisser Weise doch mehr vom Manager-Stil in die Politik, als er selbst glaubt. Ein wenig reißt es ihn, wenn man ihn danach fragt, wie viel Manager im Politiker Kern steckt. »Wenn du mich fragst, würde ich ableh-nen, als Politiker dargestellt zu werden. Ich sehe mich so nicht. Ich sehe mich als jemanden, der eigentlich in der Wirtschaft arbeitet und der nun für rund zehn Jahren auch in der Politik ist. Natürlich will ich Erfolg haben, aber wenn ich eines Tages ausscheide, werde ich etwas anderes Spannendes machen. Ehrlich: Ich fühl' mich auch nicht angesprochen, wenn irgendjemand über ›die Politiker‹ herzieht. Ich habe dann nicht das Gefühl, dass das etwas mit mir zu tun hat.«

»Das kann aber natürlich in zwei Jahren schon anders sein«, wende ich ein.

Kern: »Möglich, dass sich das ändert, ja. Aber wenn es sich ändern sollte, wäre es wahrscheinlich ein Alarmzeichen.«

5. KAPITEL

»UNSER GEGNER IST DIE ANGST«

Das Bundeskanzleramt mit seiner imperialen Pracht atmet Geschichte, und wenn man das imposante Stiegenhaus hochgeht, über das vom Fürsten Metternich bis Bruno Kreisky alle Großen der österreichischen Historie gegangen sind, kann man gar nicht anders, als ein wenig ergriffen sein. Linksherum kommt man in den Kanzlertrakt. Ich folge einem langen Schlauch, dann muss ich noch einmal scharf nach links abbiegen und dann stehe ich im Vorzimmer zu Kerns Büro. Jetzt noch einmal links und ich bin beim Kanzler. Im Halbstundentakt hat Kern Besprechungen, dazwischen lugt er gelegentlich aus der Tür. Gerade ist er aus Brüssel von einem der regelmäßigen Treffen der EU-Regierungschefs zurückgekommen. Nach solchen Sitzungen ist Kern selten besonders guter Laune. Denn er erlebt dann aus nächster Nähe und gewissermaßen am eigenen Leib, dass die Strukturen der Europäischen Union einfach nicht funktionieren. Alle sitzen im großen Kreis zusammen und eine gewisse Lähmung ist schier körperlich spürbar. Schließlich kommt man in der EU nur in kleinen Schritten, Kompromiss um Kompromiss weiter, und das in einer Zeit, in der entschiedenes Handeln nötig wäre. Europas Wirtschaft stagniert seit beinahe einem Jahrzehnt, und das hat auch mit der Wirtschaftspolitik in der Union zu tun, die sich aber nicht so leicht ändern lässt, solange die Strukturen und Verfahren einer großen Verhinderungsmaschine ähneln.

»Du kommst nur mit reden weiter«, erzählt Kern. »Es ist ein Bohren dicker Bretter.« Grundsätzlich ist klar, dass ein Paradigmenwechsel in der Wirtschaftspolitik der Europäischen Union stattfinden müsste, praktisch ist ebenso klar, dass der nicht schnell genug kommen wird, um einen Beitrag zu Wachstum und zu mehr Jobs zu leisten. »Der Brexit wird wie ein Katalysator wirken«, denkt Kern laut nach. »Es ist noch gar nicht richtig klar, wie dramatisch die Auseinandersetzungen werden. Man könnte in der Eurozone versuchen, die Probleme durch mehr Koordination zu bekämpfen, indem man mutige Schritte setzt. Aber die Eurozone ist eben auch sehr heterogen. Das hat gestern auch Mario Draghi gesagt, als wir in Brüssel im Kreis der Regierungschefs zusammengesessen sind: Er hat eindringlich geschildert, dass die unvollständige Währungsunion große Disparitäten schafft.« Draghi, der Chef der Europäischen Zentralbank EZB, »ist ein spannender Typ übrigens, ein unkonventioneller Kopf. Eigentlich ist er ja ein Banker, der von Goldman-Sachs kommt. Aber er ist ein Pragmatiker. Wir haben gestern wieder länger geplaudert, das ist ein echtes Vergnügen.« Wenn die offizielle Tagesordnung der Ratssitzungen zu Ende ist, dann gibt es die Gelegenheit zu allgemeinen Debatten. Oft sind die versammelten Premiers dann schon müde, blicken auf ihre Papiere und wollen eigentlich schnellstmöglich nach Hause. Nicht selten ist es Kern, der sie dann damit nervt, dass er noch die eine oder andere Debatte anzettelt. »Gestern habe ich die Gelegenheit genutzt, mit Draghi über die Arbeitslosigkeit, die Folgen des Lohngefälles in Europa zu diskutieren, aber auch über die Notwendigkeit von Konjunkturimpulsen und Investitionen.« Dabei sieht sich Kern nicht unbedingt in der Rolle des Strebers, der noch aufzeigt, wenn schon alle die Schulranzen packen wollen. »Ich bin schlichtweg überzeugt, dass solche Diskussionen notwendig sind.« Denn, so meint er, solche Gespräche »prägen Eindrücke. Das denke ich schon. Das verschiebt die Diskurse, und das muss ja das Ziel sein, wenn wir diese Europäische Union vorwärtsbringen wollen.« Kern schildert, wie schwierig es ist, innerhalb dieser Struktur zu Entscheidungen zu gelangen, er erzählt aber auch vom portugiesischen Premier António Costa (»den schätze ich sehr, weil er eine hohe Authentizität hat«), vom schwedischen Premierminister Stefan Löfven (»wir haben schnell ein gutes Verhältnis aufgebaut«), oder vom ehemaligen Premierminister Italiens, Matteo Renzi (»sein Rücktritt ist ein großer Verlust, der schwächt uns immens in Europa«). In der Runde der vordergründig mächtigsten Leute Europas, erzählt Kern, »erlebst du, dass das natürlich alles auch irdisch ist. Das sind natürlich alles Leute mit teilweise beeindruckenden Stärken, sonst hätten sie sich ja nicht in ihren Parteien und ihren Ländern durchgesetzt. Aber sie sind, wie wir alle, auch ganz normale Menschen, mit ihren Eigenarten, eben mit ihren Stärken und Schwächen. Es ist alles total irdisch.« Aber, schildert Kern, es gäbe eine neue Art von Ernsthaftigkeit. »Du merkst an allen Ecken, atmosphärisch, bei den Gesprächen, dass der Schock von Brexit und Trump-Wahl, der Umstand, dass ein US-Präsident zielgerichtet die Europäische Union schwächen will, dass all das zusammen das Bewusstsein schon stärkt, dass es jetzt ums Ganze geht. Wo die Gefahr wächst, da wächst das Rettende auch, wie Hölderlin schrieb, und das merkst du ganz deutlich.«

Bundeskanzler zu sein, wird ja gemeinhin als eine politisch mächtige Position verstanden. Aber natürlich ist ein Regierungschef, noch dazu in einem kleinen Land wie Österreich, nur in einem sehr beschränkten Sinne mächtig. Österreich ist Teil der Europäischen Union, die Wirtschaft der Eurozone ist eng verflochten, was aber auch heißt: Das Land ist von Entscheidungen maßgeblich betroffen, die es nur zu einem gewissen Grade beeinflussen kann. Hinzu kommt die Globalisierung, die die Reichweite eigener Maßnahmen eng begrenzt. Notwendige Kurswechsel auf europäischer oder globaler Ebene kann kein Kanzler erzwingen, auch wenn er sie für notwendig erachtet. Was er auf der nationalen Ebene tun kann, ist zugleich begrenzt, aber wenigstens das, was er noch am ehesten beeinflussen kann. Das führt dann gelegentlich zu Aktionismus auf nationaler Ebene, einfach, damit überhaupt etwas geschieht. Zugleich sind die Maßnahmen, die man auf dieser politischen Ebene setzen kann, bei Weitem nicht ausreichend, oft sind sie nur ein Tropfen auf dem heißen Stein.

Es ist diese schier unmögliche Konstellation, die oft den Eindruck erweckt, Politik agiere erratisch und, schlimmer noch, Politik könne überhaupt nichts mehr tun, sei irrelevant und habe keine Kontrolle mehr. Mal werden Forderungen gegenüber den europäischen Institutionen erhoben, dann geraten sie wieder in Vergessenheit, und es wird nur mehr auf einzelstaatlicher Ebene agiert. Auch ein Politiker ist in einem Spiel von Trial and Error befangen – er versucht etwas, lässt etwas anderes bleiben, lernt, probiert etwas Neues, passt sich den Umständen an, manchmal, weil sich diese geändert haben und eine Anpassung erzwingen, in anderen Fällen, weil er die Umstände mittlerweile in einem anderen Licht sieht und denkt, dass er sich dieser neuen Sichtweise anpassen muss. Das ist ein ganz natürlicher Prozess, und dass Christian Kern, beispielsweise, 2017 gelegentlich ein wenig anders klingt als im Sommer 2016, hat wohl auch mit einigen dieser Schwierigkeiten zu tun.

Aber blicken wir zurück. Das konservative mediale Establishment hatte sich ja eigentlich erhofft und erwartet, mit

Kern käme ein technokratischer Manager, einer, der »flexibel« ist, ein »Pragmatiker« an die Macht – und in diesen Kreisen versteht man unter »pragmatisch sein« eben nicht eine konzeptionelle Flexibilität und Originalität, sondern meist das Aufgeben von Werten und Grundsätzen und eine Politik, die den Reichtum der Oberschicht vermehrt, dafür aber Härten ins Leben einfacher Menschen einziehen lässt. Doch bald schon machte sich Überraschung breit, und auch eine leise Panik. Ist der neue Kanzler gar ein Linker? Einer, der wie Kreisky eine Idee und eine Utopie von einer gerechteren, funktionstüchtigeren Gesellschaft hat und für den »Reform« nicht heißt, den normalen Leuten etwas wegzunehmen und es den Wohlhabenden zu geben? »Wie links ist Christian Kern?«, fragte mit wohlig-schaurigem Kitzel das Wirtschaftsmagazin »Trend«.

SOZIALDEMOKRATISCHE WIRTSCHAFTSKOMPETENZ

»Das nächste sozialdemokratische Jahrhundert hat gerade erst begonnen. Die OECD, aber auch der Internationale Währungsfonds weisen zu Recht darauf hin, dass der Neoliberalismus und die haltlose Deregulierung der Finanzmärkte zu einer massiven Verschärfung der globalen Ungleichheit geführt hätten. Diese Ungleichheit zersetzt unsere Gesellschaft«, sagte Kern in ersten Interviews. »Wenn sogar Martin Wolf, Chefkolumnist der Financial Times, der Bibel des Finanzkapitalismus, fordert, unser Steueraufkommen von Lohnsteuern in Richtung Vermögenssteuern zu entwickeln, um unsere Sozialstaaten und unsere Wirtschaft finanzieren zu können, entdeckt er ein klassisch sozialdemokratisches Konzept.« In Europa müsse man »versuchen, Allianzen zu bilden, weil andere Prioritäten zu setzen sind, nämlich insbesondere Beschäftigung auf der Agenda ganz oben zu stehen hat«.

Kern wurde zu einem Zeitpunkt Regierungschef, in dem das lange vorherrschende neokonservative und wirtschaftsliberale Paradigma nur mehr eine rauchende Ruine war. Zehn Jahre neoliberale Krisenpolitik haben ein unübersehbares Desaster hinterlassen, sodass die Zeit überreif für einen Paradigmenwechsel ist. Dass flächendeckende Austerität nicht funktioniert, ist mittlerweile dem letzten verbohrten Sturkopf klar – mit Ausnahme vielleicht von Wolfgang Schäuble und ein paar gut bezahlten Lobbyisten in einigen Think-Tanks, für die freilich das Wort Upton Sinclairs gilt, dass es schwierig sei, »einen Menschen dazu zu bringen, etwas zu verstehen, wenn sein Gehalt davon abhängt, dass er es nicht versteht«.

Dass man Wachstum nicht generiert und die Krise nicht überwindet, indem man überall in der Eurozone die Einkommen reduziert, wird kaum noch jemand bestreiten, der halbwegs ernst genommen werden will. Das Wettbewerbsfähigkeitsmantra, das nur zu einem Wettlauf nach unten führt, hat die pluralistischen Gesellschaften an den Rand des Kollapses gebracht, die Brexit-Katastrophe und den Aufstieg von rechten Populisten nach sich gezogen. Ökonominnen und Ökonomen – von Paul Krugman bis Joseph Stiglitz und Branko Milanović, von Dani Rodrik über Thomas Piketty bis Mariana Mazzucato – haben in unzähligen Arbeiten nicht nur das herrschende Paradigma attackiert, sondern gleichzeitig ein Programm für zeitgenössische Progressive entwickelt. Dabei heben sie die Rolle des Staates und die Bedeutung einer gerechteren Einkommensverteilung für die wirtschaftliche Entwicklung ebenso hervor wie die wachstumshemmenden Effekte von zu viel internationaler Konkurrenz. Mittlerweile ist in der globalen Debatte schon – von Wall-Street-nahen

Magazinen wie »Forbes« bis zur viel gelesenen Website vox.com – vom »New Liberal Consensus« die Rede, vom »neuen linksliberalen Konsens«. Es wäre vielleicht übertrieben, zu sagen, dass es in wirtschaftspolitischen Diskussionen nun eine progressive Hegemonie gibt, aber die neoliberale und konservative Diskurshoheit ist immerhin einer Art »Gleichgewicht des Schreckens« gewichen.

Kern hatte sich immer mit den wichtigsten wirtschaftspolitischen Debatten vertraut gehalten. Nicht nur Martin Wolf, den Chefkolumnisten der »Financial Times«, hat er regelmäßig gelesen, auch Bücher wie »Das Kapital des Staates« der Starökonomin Mariana Mazzucato, in dem sie beweist, wie wichtig Infrastrukturinvestitionen des Staates, öffentlich subventionierte Innovationen und eine kluge Wirtschaftspolitik für die Entwicklung und Funktionstüchtigkeit von Märkten sind. Als Bahnchef wiederum hatte Kern sehr praxisnah erlebt, wie verzahnt öffentliche Strukturpolitik und Markterfolg von Unternehmen sind. »Freie Märkte«, die aus sich heraus entstehen und in denen durch bloßen Fleiß und Wettbewerb von Unternehmen Wohlstand geschaffen wird, während sich der Staat am besten aus »der Wirtschaft« heraushält – solche »freien Märkte« gibt es nur in den keimfreien Überlegungen akademischer Wirtschaftstheoretiker oder neoliberaler Utopisten. Die gibt es vielleicht im Labor, aber nicht in der Wirklichkeit.

Die ganze Geschichte der großen Innovationen, von der Eisenbahn-Revolution bis zur Energiegewinnung, von der Atomenergie bis zur massiven Ausbeutung der Wasserkraft, zeigt nachdrücklich: Die Mobilisierung von Ressourcen, ganz zu schweigen von der vorangehenden Grundlagenforschung, wurde vom Staat geleistet, und in diesem Klima der Innovation ist die profitable Anwendung der Forschungsergebnisse durch Privatfirmen am Ende nur mehr der letzte logische Schritt. Und das gilt erst recht für die großen Innovationen der jüngsten Vergangenheit und Gegenwart, wie Computertechnologie, Internet, Pharmarevolution, Nanotechnologie oder Raumfahrt. Das hat auch einen systemischen Grund, so Mazzucato: Große technologische Revolutionen verschlingen zunächst einmal ungeheuer viel Kapital, ob daraus aber irgendwann einmal Renditen entspringen, ist dagegen meist unklar. Für private Investoren ist das viel zu riskant, ein solches Großrisiko kann nur der Staat tragen. Nicht der Staat ist träge und die Unternehmen unternehmerisch, das Gegenteil ist der Fall: Die Unternehmen sind viel zu vorsichtig, solche Risiken übernimmt nur der Staat, der viel »tollkühner« ist als Unternehmen, die meist schon die Rendite im nächsten Quartal im Auge haben: »Selbst in Boomphasen gibt es viele risikobehaftete Bereiche, vor denen Privatunternehmen zurückscheuen, in denen jedoch der Staat als Pionier vorangeht«, erklärt Mazzucato.

Exemplarisch für all das ist die Firma Apple, der sich Mazzucato detailliert widmet, nicht weil sie Apple nicht mögen würde, sondern weil die Firma als Paradefall des innovativen Genies freien Unternehmertums gilt. Dabei ist eher das exakte Gegenteil der Fall. Die Computertechnologie wurde in Labors gemeinsamer staatlicher und privater Forschungen in den sechziger und siebziger Jahren entwickelt. Mikroprozessoren, Halbleitertechnik, alles beruht auf staatlicher Grundlagenforschung und staatlich orchestrierter Innovation. Das Internet entsprang ohnehin, wie jeder weiß, einem Megaprojekt des amerikanischen Verteidigungsministeriums. Der Touchscreen wurde wesentlich in britischen Labors entwickelt, die sich verteidigungsrelevanten Technologien widmeten. GPS-Satellitentechnologie usw. – die Liste ließe sich fortsetzen. Die private unternehmerische Leistung liegt allenfalls in der finalen Bastelei und im genialen Design.

Mehr Staatswirtschaft oder mehr Märkte? Das ist, so sieht Christian Kern das, eine falsche und rein ideologische Fragestellung. »Ich sehe mich nicht als Marktliberalen, aber auch nicht als Staatsinterventionisten. Letzteres ist ja ein wenig das Bild, das die ÖVP von mir gelegentlich zu zeichnen versucht. Was ich versuchen möchte, ist, mich nicht so sehr an zwei äußeren Punkten zu orientieren, grob gesagt: einerseits Blair oder Schröder, andererseits Tsipras oder Corbyn. Ich denke, wir müssen einen Weg dazwischen suchen. Das ist der Weg für ein modernes Regieren. Wir müssen wirklich etwas Modernes, generisch Neues formen.« Staat und Unternehmen zusammen, so liest Kern Mariana Mazzucato, müssen »Eco-Systeme und Moonshots schaffen«, also eine Art Gärhaus, das als Humus für Innovation und Wachstum funktioniert – und zwar, indem Ziele definiert und dann die Ressourcen so eingesetzt werden, dass die definierten Ziele erreicht und auf dem Weg dahin so viele kreative Ideen wie möglich unterstützt werden. Staat versus Markt ist dann nicht mehr die entscheidende Frage, wenn Staat und Markt tatsächlich Hand in Hand gehen. »Ich halte das für entscheidend, gerade auch in einer globalisierten Welt, weil damit die wirtschaftspolitischen Aufgaben und auch Möglichkeiten von Regierungen definiert werden – nämlich, was eine Regierung im Nationalstaat noch wirklich aktiv gestalten kann«, sagt Kern. Und fügt hinzu: »Das hat für mich auch eine starke biografische Dimension, nährt sich aus meiner beruflichen Erfahrung. Ich habe ja auch den Vorsitz des europäischen Bahnverbundes geführt, und in dieser Rolle war ich der Hauptansprechpartner der EU-Kommission sowie Mitglied in einer Beratergruppe des zuständigen EU-Kommissars.

Und da bist du dann oft den Privatisierungs- und Zerschlagungsfanatikern gegenübergesessen, die aufgrund eines reinen ideologischen Reflexes gemeint haben, Bahnen werden dann besser funktionieren, wenn sie privatisiert sind und wenn integrierte Bahnen in viele Subunternehmen zerteilt werden. Das ist absurd, weil solche Unternehmen sind dann weder kundenfreundlicher noch effizienter, und in the long run auch nicht billiger. Aber mir war immer klar, dass Unternehmen etwas anderes brauchen, um florieren zu können. Etwa Effizienzziele vereinbaren, aber keine Zerschlagung der Unternehmen.«

DIE NEOLIBERALE HEGEMONIE BRECHEN

Kern weiß, dass die Progressiven die besseren wirtschaftspolitischen Argumente auf ihrer Seite haben. Aber er weiß auch, dass das nichts hilft, wenn man diese Argumente nicht klug verbreitet. »Es gibt eine Hegemonie einer Wirtschaftsphilosophie, die jetzt acht Jahre bewiesen hat, dass sie nicht funktioniert. Wir müssen die Hegemonie zurückgewinnen«, sagt er. Zu diesem Zweck stellte er sich Diskursen mit einigen der weltweit führenden Ökonomen. Mit Marcel Fratzscher, dem Chef des Deutschen Instituts für Wirtschaftsforschung, debattierte Kern im »Kreisky Forum«. Fratzscher, bei Gott kein Linker, hatte in einem aufsehenerregenden Buch nachgewiesen, wie sehr die wachsende Ungleichheit mittlerweile zu einer Bremse für Wachstum und Prosperität in Deutschland geworden ist – ganz abgesehen davon, dass Ungleichheit, die einigen wenigen alle Chancen und den meisten wenig Chancen einräumt, eine himmelschreiende Ungerechtigkeit ist. Nobelpreisträger Joseph Stiglitz kam ins Kanzleramt, um Kern seine Sicht über die Konstruktionsprobleme der Eurozone darzulegen. Mit der Linguistin und Expertin für politisches Framing Elisabeth Wehling diskutierte Kern in seinem Büro, welchen Anteil Sprache dabei haben kann, für progressive Konzepte die Hegemonie zu gewinnen. Und Mariana Mazzucato wurde von Kern ins Kanzleramt eingeladen. Mit ihr debattierte er anschließend vor hunderten Wirtschaftsstudenten im Auditorium maximum der Wirtschaftsuniversität. »Das Wohlstandsversprechen, dass es aufwärtsgeht, ist hohl geworden. In den europäischen Gesellschaften breitet sich Angst aus. Und diese Angst hat das Potenzial, unsere Gesellschaften zu zersetzen«, sagt Kern. »Unser Gegner, davon bin ich überzeugt, ist die Angst.«

DIE EU AUS DER SACKGASSE HOLEN

Und im September 2016 formulierte Kern seine europa- und wirtschaftspolitischen Ansichten in einem großen Beitrag für die »Frankfurter Allgemeine Zeitung«, der für einiges Aufsehen auch über Österreich hinaus sorgte. Nicht die Strukturprobleme Europas, nicht die Frage, wie EU-Rat, Kommission oder das Parlament ihre Kompetenzen aufteilten, sorge für antieuropäischen Verdruss, so Kern, sondern dass das Wohlstandsversprechen nicht mehr halten und daher die EU nicht mehr als Motor für Wohlfahrt, sondern für wachsende Unsicherheit wahrgenommen würde. »Gleichzeitig verschieben multinationale Konzerne – praktisch unter unseren Augen – ihre Gewinne auch innerhalb Europas in jene Länder, in denen sie kaum besteuert werden. Die Steuerakte Apple hat gezeigt, wie brüchig die Solidarität innerhalb der europäischen Staaten ist, wenn es darum geht, sich wirtschaftliche Vorteile gegenüber anderen EU-Ländern zu organisieren.« In vielen Politikfeldern entstünde bei den Menschen »der Eindruck, dass es sich einige wenige ›richten‹ können, während die Masse der Menschen mit ihren Problemen und Sorgen alleingelassen werde«. Kerns Vorschläge: massive Investitionen, eine Adaptierung der EU-Finanzregeln und ein Konjunkturprogramm von mehr als 600 Milliarden Euro, wie es die sozialdemokratischen Regierungschefs gefordert haben. »Wir können die Union nur auf einen neuen Pfad bringen, wenn wir Investitionen ankurbeln und die Konjunktur beleben. Dafür braucht es das Zusammenspiel der europäischen Institutionen und der nationalen Regierungen. Wir brauchen mehr Wachstum und wieder jene Art von Wachstum, das, wie die Gezeiten am Meer, alle Boote hebt und nicht nur ein paar wenige Yachten. (…) Wir brauchen einen Plan für Europa, der durch Investitionen und Innovationen Wachstum und mehr Wohlstand generiert. Profitieren sollen diejenigen, die Zuwächse am dringendsten brauchen. Die Lohnentwicklung muss wieder nach oben gehen, die Arbeitslosigkeit muss sinken und es müssen mehr gute Jobs entstehen, von denen die Menschen leben können.«

Kern greift aber in diesem Beitrag auch eine Debatte auf, die gerade an Fahrt gewonnen hatte – nämlich die Debatte über Globalisierung, Freihandel und freie Märkte, die spätestens nach dem Brexit-Schock auch in den Kreisen ökonomischer Eliten angekommen ist. »Wir haben in den vergangenen 25 Jahren integrierte Weltmärkte und in Europa einen Binnenmarkt geschaffen, nicht nur für Güter und Dienstleistungen, sondern auch für Kapital- und Arbeitsmärkte. Gleichzeitig hat sich gezeigt, dass diese Globalisierungsgewinne sehr ungleich verteilt sind. Dies hat nicht nur gesellschaftspolitische, sondern auch ökonomische Konsequenzen. Denn erstens führt Ungleichheit, die die Mittelschicht erodieren lässt, weder in Europa noch in den Vereinigten Staaten noch in Lateinamerika noch in Asien zu Wachstum, sondern ist eher ein Wachstumshemmnis. Selbst Experten des Internationalen Währungsfonds bestätigen mittlerweile, dass Ungleichheit Wachstum bremsen kann. Und zweitens wird es selbst dann, wenn – durchschnittlich – ›alle‹ profitieren, immer Verlierer und Gewinner geben. Es geht nicht darum, die Globalisierung zurückzudrängen oder Freihandel zu bekämpfen – wer eine kosmopolitische Sicht hat, weltoffen ist und für wen internationale Solidarität ein Wert ist, der wird nicht dafür plädieren. Aber man kann sich sehr wohl die Frage stellen, ob Freiheit nicht auf Kosten der Fairness geht. Der Ökonom Dani Rodrik hat schon vor beinahe zwanzig Jahren darauf hingewiesen, dass die globale Integration Verlierer und Gewinner kennen würde. Jeder wisse, formulierte er, ›dass Arbeiter, wenn man sie leichter durch billigere und andere ersetzen kann, Instabilität in ihren Einkommen ernten und dass ihre Verhandlungsmacht erodiert‹. Diejenigen, die dann ökonomisch unter Druck geraten, bekommen selten etwas von den Zuwächsen der Gewinner ab – das ist die Erfahrung der vergangenen zwanzig Jahre. Und aus dieser Erfahrung muss man kluge Konsequenzen ziehen: Wenn wir die globale Integration – und auch die europäische ökonomische Integration – erhalten wollen, dann müssen wir die Menschen vor Verlusten schützen und für einen sinnvollen, gerechten Ausgleich sorgen. Denn ansonsten werden diejenigen revoltieren, die sich als Verlierer der Globalisierung sehen. Tatsächlich erleben wir diese Revolte jetzt schon. Das Brexit-Votum ist nur eines der Phänomene.«

Gesellschaftstheoretische Großdebatten werden ja nicht selten etwas holzschnittartig geführt. Globalisierung versus Protektionismus lautet eine dieser etwas fruchtlosen Dichotomien. Kern ist auch in dieser Hinsicht Pragmatiker, was zunächst einmal heißt: einer, der sich die Fakten genau ansieht. Und auch in dieser Hinsicht wird ein Pragmatiker einige Gründe für einen Policy-Mix finden, also die Kombination verschiedener Werkzeuge favorisieren.

Später wird Kern einige Dinge vorschlagen, die manche Linksliberale verstören. So favorisiert er eine Reihe von Maßnahmen, die die Personenfreizügigkeit innerhalb der Europäischen Union – immerhin einer der zentralen Werte der EU – infrage stellen. Er plädiert etwa für Ausnahmeregelungen, die den Zuzug auf den österreichischen Arbeitsmarkt begrenzen würden. Oder für eine Joboffensive, die Unternehmen einige Kosten abnimmt, wenn sie neue Arbeitsplätze schaffen, aber nur dann, wenn diese mit Menschen besetzt werden, die schon in Österreich arbeitslos gemeldet bzw. hier beschäftigt sind oder die hier eine Ausbildung gemacht haben. Das würde Menschen, die in Österreich leben (Österreicher und Ausländer), gegenüber jenen bevorzugen, die neu nach Österreich zuziehen. Aber die Fakten lassen sich nicht leugnen: Die Nähe Österreichs – und hier im Besonderen Ostösterreichs – zu Ländern wie Ungarn, der Slowakei, Bulgarien oder Rumänien hat negative praktische Auswirkungen. Österreich hat seit Jahren ein ganz passables Jobwachstum, aber zugleich steigt die Arbeitslosigkeit. Das heißt: Es entstehen hier Jobs, aber sie werden in erheblichem Maß mit Beschäftigten besetzt, die nach Österreich zuziehen. Vor allem niedrig qualifizierte in Österreich ansässige Menschen werden aus dem Arbeitsmarkt verdrängt – und durch Einwanderer ersetzt. Wenn sich Kern dafür einsetzt, diesen Druck auf den Arbeitsmarkt zu begrenzen, wird ihm von einigen Kommentatoren vorge-worfen, er sage sinngemäß »Österreicher zuerst« und sei so etwas wie ein Mini-Trump. Aber wenn man genauer hinsieht, erkennt man, dass die Hauptleidtragenden des Verdrängungs-wettbewerbs genau jene Migranten sind, die hier schon länger leben, aber ein schlechtes Qualifikationsniveau haben. Über-spitzt formuliert: Die Türken, die seit 30 Jahren hier leben, werden arbeitslos, weil die Bulgaren auf den Arbeitsmarkt drängen.

Wenn die Arbeitslosigkeit steigt, obwohl es eigentlich Jobwachstum, also keine konjunkturelle Krise, gibt, dann spricht man üblicherweise von einem »Angebotsschock« – die Arbeitslosigkeit steigt, weil das Arbeitskräfteangebot steigt. Ein solcher Angebotsschock kann allerdings ganz erhebliche negative Konsequenzen haben, und zwar nicht nur für diejeni-gen, die arbeitslos werden oder schwerer aus der Arbeits-losigkeit herausfinden. Er kann fatal für sehr viel mehr Men-schen sein. Und zwar aus einem einfachen Grund: Gibt es eine niedrige oder durchschnittliche Arbeitslosigkeit von sechs, sieben Prozent, bleiben die Konsequenzen für den gesamten Arbeitsmarkt gering. Ab einem gewissen Punkt allerdings – etwa, wenn die Arbeitslosenquote die Zehn-Prozent-Marke übersteigt – weiß jeder Arbeitnehmer und jede Arbeitneh-merin, dass es irgendwo irgendeinen gibt, der es billiger ma-chen würde als er oder sie, und jeder Unternehmer, dass je-mand, der Arbeit sucht, nahezu jeden Lohn akzeptieren muss. Und ab diesem Punkt gibt es einen Abwärtsdruck auf beinahe alle Löhne und Gehälter. Die Einkommen der Arbeitnehmer steigen dann kaum mehr und die Einstiegsgehälter sinken wo-möglich sogar.

Wenn das geschieht, sind nahezu alle Verlierer. Die Ar-beitslosen, die keinen Job mehr finden, die Berufseinsteiger, die sich mit weniger Einkommen begnügen müssen, alle Arbeitnehmer, die spüren, dass sie ersetzbar – und damit verletzlich – werden, und die Volkswirtschaft als Ganzes, die wegen der Einkommensstagnation an Kaufkraft verliert. Und nicht einmal die Länder, aus denen die Zuwanderer kommen, sind wirklich Profiteure: Denn wenn ganz Europa in Stagnation verfällt, steigt auch ihre ökonomische Leistungsfähigkeit nicht. Das hat man in den vergangenen Jahren genau beobachten können. Während die akademische Theorie voraussagt, Migration würde für einen Ausgleich des Lohngefälles sorgen, war in der Praxis nichts davon der Fall. Die Einkommen in den osteuropäischen Ländern holten in den vergangenen Jahren kaum mehr auf. In Wirklichkeit liegen sie ökonomisch darnieder, wofür auch der Brain-Drain in diesen Ländern sorgt. Heute ist das Durchschnittseinkommen in den urbanen Zentren und der Küstenregion Chinas schon genauso hoch und teilweise höher als das Durchschnittseinkommen Bulgariens.

Angesichts solcher Fakten »müssen wir auch über Maßnahmen nachdenken, über die wir normalerweise nicht automatisch nachdenken würden«, formuliert Kern in vorsichtigem Ton, als spürte er, dass er sich mit Überlegungen dieser Art natürlich auf einen Grenzgang begibt. »Aber es ist einfach nicht wahr, dass wir uns damit von der Personenfreizügigkeit verabschieden oder gar ein Anti-Ausländer-Paket schnüren. Jemand, der heute schon am österreichischen Arbeitsmarkt aktiv ist, aber beispielsweise Ungar ist, in Sopron wohnt und hierherpendelt, der kann genauso davon profitieren wie ein Inländer. Diese Instrumente orientieren sich an jenen Instrumenten, die wir ohnehin haben, wie etwa die Wiedereingliederungsprämie.« Kern weiß freilich auch, dass Maßnahmen dieser Art vielfach kodiert sind, wenn man das so nennen mag. Einerseits spricht in ganz pragmatischer Hinsicht viel für sie. Andererseits wiederum senden sie ein antieuropäisches Signal. Und zudem sind sie eine Botschaft an die »einheimische Bevölkerung«, dass sich da einer um »die Inländer kümmert« und den Zuzug von »noch mehr Ausländern« begrenzt. Dass diese Botschaft in den Arbeitermilieus, die in den vergangenen Jahren zur ausländerfeindlichen FPÖ abgewandert sind, wohl durchaus positiv aufgenommen wird, ist sicher mitkalkuliert, dass diese Botschaft aber gerade im eigenen linksliberalen Milieu für Verstörung sorgt, stellt auch für Kern ein Problem dar.

Kern sendet immer wieder ambivalente Signale, und gelegentlich hat man das Gefühl, er driftet. Mal sendet er Signale, die bei den liberalen, urbanen Mittelschichten gut ankommen. Dann wieder welche, die der verunsicherten unteren Mittel- und Arbeiterklasse das Gefühl vermitteln sollen, dass hier jemand ihre Probleme verstanden hat. Mal gibt er den werteorientierten Moralisten à la Obama, dann wieder den nüchternen Pragmatiker vom Schlage Gerhard Schröders. Es ist eine Gratwanderung, die auch eine gewisse Breite signalisieren soll, aber die große Gefahr in sich birgt, dass am Ende niemand mehr weiß, wofür Kern eigentlich steht.

Kern weiß um diese Gefahr, aber er weiß auch, dass er als Politiker zwei Dinge schaffen muss, die sich nicht immer leicht unter einen Hut bringen lassen: Er muss das in der Sache Richtige tun. Aber er muss irgendwann auch Wahlen gewinnen.

Als Regierungspolitiker ist ihm bewusst, dass er zwar am großen Zahnrad drehen kann – aber ob sich dann unten die kleinen Zahnräder auch bewegen, ob sie sich in die richtige Richtung drehen und ob das den gewünschten Erfolg hat, das ist praktisch nicht mehr feststellbar. Als Regierung ist man weit entfernt von den Detailresultaten, das weiß Kern, aber er meint, dass es grundsätzlich möglich ist, die Details im Auge zu behalten und auch zu steuern. »Nur«, sagt er, »ist das System nicht ausgerüstet für die kleinen Räder. Es herrscht einfach ein Mangel an Exekution. Du hast auch einen Apparat, der sich in hohem Maße selbst genügt, der keine klare Führung hat und in dem simpelste Managementprinzipien missachtet werden. Jeder werkelt vor sich hin. Du diskutierst immer über die Oberfläche, manchen reicht die Vermarktung, und drunter tut der Verwaltungsapparat eigentlich, was er will. Das ist eine Erfahrung, die machst du vom ersten Moment der Regierungsführung. Wir beschließen ständig irgendwelche Maßnahmen, und prognostizieren, dass diese positive Auswirkungen haben werden. Man formuliert dann allgemeine Zielvorstellungen, dass so und so viele Familien dann ein höheres Einkommen haben oder Flüchtlinge irgendwo versorgt werden. Lauter wunderbare Sachen. Aber es schaut sich niemand mehr im Detail die Resultate an, ob das auch wirklich eintritt. Für viele reicht es, wenn es in der Zeitung steht.«

»Ist das Folge von Trägheit, oder ist das eigentlich eine notwendige Folge komplexer Systeme?«, frage ich Christian Kern.

»Es ist eine Kultur«, ist der Kanzler überzeugt. »Ich habe vielfach erlebt, dass sogenannte ausgehandelte Initiativen in Wirklichkeit aus einem A4-Blatt und Überschriften bestehen. Das macht sich dann gut als Überschrift in Zeitungen, und irgendwann kommt dann ein Gesetzesentwurf. Egal was, Hauptsache, es gibt eine Schlagzeile. Oft werden Gesetzesvorschläge gemacht, ohne dass es eine ernsthafte Analyse gibt. Etwa von der Art: Was kostet das, was hat das für Auswirkungen, wie beeinflusst das welche Branchen, welche Auswirkungen hat das auf den Wirtschaftsstandort? Aber so kann man ja nicht ernsthaft arbeiten. Es kommt dann noch eines hinzu: Es werden immer neue Maßnahmen beschlossen, frühere wirken aber weiter. Es wird gewissermaßen Schicht um Schicht draufgepappt. Damit steigen die Kosten schnell, und die Komplexität steigt auch ins Unermessliche. Aber eines kommt zu kurz: Dass man sich fragt: Was ist eigentlich unser Zukunftsbild? Was ist das Wichtigste? Was sind die Prioritäten? Was brauchen wir nicht? Wie erreichen wir das gewünschte Ziel auf die beste und effizienteste Weise?«

»Aber das kann man in einer komplexen Gesellschaft natürlich auch nicht so einfach wie in einem Unternehmen, wo du einen Businessplan entwickelst und dann nach einem Jahr weißt, ob die Ziele erreicht wurden.«

»Sicherlich«, antwortet Kern. »Aber natürlich wissen wir, was die Baustellen in unserer Gesellschaft sind und was wir verbessern müssen. Österreich hat drei Prozent Forschungs- und Entwicklungsquote. Wir wissen, wie viel Geld investiert wird. Aber wir haben wenig Überblick, was der Output ist. Wir haben über zwanzig Institutionen, österreichweit im weitesten Sinne sogar über 200 Institutionen, die sich damit beschäftigen. Und wenn man dann fragt, wie sich Input und Output zueinander verhalten, wie die Kostenentwicklung ist, ob die in Relation zum prognostizierten BIP-Wachstum nachhaltig finanzierbar ist, ob sich das alles in Zukunft ausgeht und ob die Gelder nicht effizienter eingesetzt werden könnten, dann heißt es oft sinngemäß: Wir geben viel Geld aus, das Resultat ist zufriedenstellend, wenn wir noch mehr Geld ausgeben, wird es noch besser sein. Das stimmt aber nicht. Du kannst nicht alle Probleme mit noch mehr Geld lösen.«

6. KAPITEL

SOZIALDEMOKRATIE IM 21. JAHRHUNDERT

Dieses Buch ist das politische Porträt einer Person – aber natürlich auch das Porträt eines politischen Projekts, das durch eine Person vorangetrieben und repräsentiert, oder eben »personifiziert« wird. Dabei sollen wir nicht vergessen: Personalisierung ist eine zweischneidige Angelegenheit. Auf der einen Seite ist sie selbst schon Resultat der Banalisierung politischer Angelegenheiten. Wo Politik personalisiert wird, wird scheinbar nicht primär um Grundsätze gerungen, nicht primär darüber debattiert, wie die Demokratie gefestigt und eine aufgeklärte, moderne Gesellschaft geschaffen werden kann, mit welchen Konzepten Wohlstand und Gerechtigkeit hergestellt werden sollen. Der politische Wettbewerb handelt dann mehr von der unterschiedlichen Performance der Spitzenleute, die man als sympathisch, telegen, energisch, führungsstark oder empathisch inszeniert. Politische Konkurrenz wird zur Eindruckskonkurrenz. Auf der anderen Seite sind es Personen, die im besten Fall für unterschiedliche politische Konzepte stehen und sie verkörpern, die auch authentisch unterschiedliche Werthaltungen vertreten und gewinnend für die Werte, für die sie stehen, werben können. Nicht das politische Projekt ordnet sich dann der Person unter, sondern die Person dem politischen Projekt.

Was genau ist dieses Projekt? Zunächst einmal und primär das Projekt der Modernisierung Österreichs in einem ganz umfassenden Sinn. Dazu gehören nicht nur ökonomische Innovation, Jobs und ein Wohlstand, der möglichst alle Bürger und Bürgerinnen wieder sicheren Boden unter den Füßen spüren und einen Optimismus entwickeln lässt. Auch nicht nur ein Bildungssystem, das wirklich jedem Kind faire Chancen gibt, aus seinen Talenten und seinem Leben etwas zu machen. Sondern ein modernistischer Geist in einem viel umfassenderen Sinne. Eine Neubelebung des Fortschrittsgeistes. »Als ich mich politisch zu engagieren begann, als Schüler noch und dann als Student, da war die Grundmotivation getragen von Unzufriedenheit über die Verhältnisse, auch von Zorn über die Verhältnisse«, erzählt Kern bei einer Gesprächsrunde unter jungen Leuten. »Und bei allen Veränderungen, die man erlebt, so hat sich das doch über die Jahre erhalten. Letztlich geht es immer noch um das Gleiche. Um Emanzipation. Die Welt bleibt nicht stehen. Deswegen sind wir ja auch eine progressive Bewegung.« Und natürlich ist dieses Projekt der Modernisierung Österreichs untrennbar verbunden mit dem Projekt der Neubelebung der Sozialdemokratie. Schon aus einem ganz simplen, praktischen Grund: Kern ist Bundeskanzler, und das ist er nur, weil die Sozialdemokratie eine gewisse Stärke bei den letzten Wahlen erlangt hat und er der Vorsitzende der SPÖ ist. Will er Kanzler bleiben – oder ein noch stärkerer Kanzler werden, der mehr von dem umsetzen kann, was er sich vornimmt –, dann muss er die Sozialdemokratie so weit attraktiv machen, dass sie bei Wahlen wieder zulegt.

Nun kann man sich natürlich berechtigt fragen, warum die Sozialdemokratie überhaupt neu belebt werden soll. Eine wesentliche Antwort auf diese Frage liegt in der Geschichte. Die Sozialdemokratie ist eine Bewegung mit einer großen Tradition, mag sie zwischenzeitlich auch ein wenig von ihren

Idealen abgekommen sein, mag sie auch Elan und Energie und viel von dem, was sie einst ausmachte, verloren haben. Mag sie auch als Organisation verkrustet sein. Aber eine Bewegung und geistesgeschichtliche Strömung wie die Sozialdemokratie wirft man nicht einfach so weg, man gibt sie nicht einfach so auf – vor allem dann, wenn man keine bessere Alternative zur Hand hat.

Sozialdemokraten sind meistens ein wenig verzweifelt über die Performance ihrer Partei in der Gegenwart, aber äußerst stolz auf die Geschichte ihrer Partei. Und das auch mit Recht. Ohne diese Geschichte und ohne diesen Stolz lässt sich Sozialdemokratie gar nicht verstehen. Ja, ohne diese würde es die Sozialdemokratie wahrscheinlich gar nicht mehr geben. Jemand wie Christian Kern wäre wahrscheinlich ohne diese Geschichte und ohne den Stolz auf diese Geschichte gar nicht Mitglied dieser Partei geworden.

Für viele jüngere Menschen ist das heute vielleicht unverständlich. Parteien wie die SPÖ erscheinen nicht wenigen Leuten einfach als Organisation mit dem Ziel, Wahlen zu gewinnen und danach Ämter zu besetzen, von denen aus man den Staat – und damit Gesellschaft und Gemeinwesen – verwaltet. Dass es dabei auch darum geht, diesen Staat zu verändern, und zwar entlang einer ambitionierten Programmatik, die von Idealen geleitet wird, das wissen wohl nur mehr die, die sich genauer mit Parteien, ihren weltanschaulichen Differenzen, ihren Programmen und ihrer Geschichte auseinandersetzen. Machen wir uns nichts vor: Die Mehrheit der Menschen tut das eher nicht. Das heißt jetzt natürlich nicht, dass sie überhaupt keine Ahnung von diesen weltanschaulichen Differenzen und unterschiedlichen Idealen hat. Irgendeine Vorstellung von politischen Idealen haben beinahe alle Bürgerinnen und Bürger.

WARUM ÜBERHAUPT SOZIALDEMOKRATIE?

Die Sozialdemokratie war immer eine von Werten angetriebene soziale und demokratische Reformpartei – und auch eine ungeheure Erfolgsgeschichte. Ihre Wurzeln hat sie in den radikalen Revolutions- und Reformbewegungen des 18. Jahrhunderts, in den ersten Arbeiterorganisationen, in den Frühformen gewerkschaftlicher Zusammenschlüsse und ähnlicher Gruppierungen. Die einfachen Leute, die Arbeiter, die Arbeiterinnen, die Dienstmädchen, die Armen, die Analphabeten, die vom Land in die Städte gespült wurden: Sie alle existierten in bedrängtesten Verhältnissen, hatten kaum Wohnraum, lebten oft als Taglöhner oder von schlecht bezahlten Jobs, die sie jederzeit verlieren konnten, sie waren der Willkür der Fabriksherren ausgesetzt und hatten praktisch keine Rechte. Weder gab es Arbeitszeitbeschränkungen noch ordentliche Tariflöhne. Gewerkschaftliche Solidarität in den Betrieben wurde verfolgt, demokratische Rechte gab es kaum: keine Meinungsfreiheit, und Wahlrecht gab es für die unteren Klassen ohnehin keines. Aber dieses Bild änderte sich langsam und Schritt für Schritt, als eine sozialdemokratische Bewegung immer mehr Form annahm. In Österreich geschah das, nachdem der Arzt Victor Adler in den 1880er Jahren begann, die verschiedenen sozialreformerischen Gruppen zu vereinen. Er begründete die Partei, steckte sein eigenes Vermögen in die »Arbeiter-Zeitung«, die bald als Tageszeitung erschien. Mit ungeheurer Beharrlichkeit kämpfte er für die Verbesserung der sozialen Lage der Unterprivilegiertesten, legendär sind seine Undercover-Reportagen über die Ziegelarbeiter in Favoriten. Er formte die Partei zur Massenpartei, setzte die grundlegenden demokratischen Rechte durch, und in mehreren Wahlrechtskämpfen erstritt er zuerst erste kleine Reformen, dann das allgemeine, gleiche Wahlrecht.

Und zuletzt war er auch noch, damals schon krumm und todkrank, die entscheidende Figur bei der Begründung der demokratischen Republik. Am 21. Oktober 1918, wenige Tage vor seinem Tod, skizzierte er in einer Rede im Reichsrat in klaren, pathetischen Strichen die zukünftige demokratische Republik. »In jedem Fall soll der deutschösterreichische Staat ein demokratischer Staat, ein echter Volksstaat sein… auf Grund des allgemeinen, gleichen und direkten Wahlrechts aller Männer und Frauen… gegründet auf die Gleichberechtigung aller seiner Staatsbürger ohne Unterschied der Klasse, des Standes, der Religion und des Geschlechtes.« Dieser demokratische Staat werde es ermöglichen, »auf den Trümmern der kapitalistischen Weltordnung den Sozialismus aufzurichten«.

Adler, der aus dem liberalen Bürgertum und aus den demokratischen Modernisierungsbewegungen des 19. Jahrhunderts stammte, gab der österreichischen Sozialdemokratie, die im Kontext der konservativen, rückwärtsgewandten Monarchie aktiv war, ein eigenes Gepräge: die Partei war eben nicht nur eine »Arbeiterpartei«, die sich um soziale Belange kümmerte, sondern zugleich auch die Kraft von Demokratisierung und Modernisierung. Bildung, Aufklärung, Intellektualität – all das war in der österreichischen Sozialdemokratie immer von zentraler Bedeutung und das ermöglichte ihr auch, eine Art Allianz von Arbeiterklasse und unteren Mittelschichten auf der einen Seite und eher bürgerlichen Modernisten – »der bürgerlichen Intelligenz«, wie man damals sagte – auf der anderen Seite zu schmieden.

Vor allem in Wien, wo die Sozialisten besonders stark waren, konnte die Partei nach 1918 dann ein eindrucksvolles Reformwerk entfalten: Mit dem öffentlichen Wohnbau, den Gemeindebauten, wurde die Wohnungsnot bekämpft, ein modernes Gesundheits- und Bildungssystem wurde entwickelt, eine pädagogisch fortschrittliche Schulreform etabliert, eine avantgardistische Kulturpolitik betrieben, öffentliche Bibliotheken wurden geschaffen, städtische Schwimmbäder, ein Netzwerk von Vereinen, die sich um Bildung, Zusammenleben, gemeinsamen Sport kümmerten und so etwas wie ein wenig Lebensqualität in die Existenz der unteren Schichten brachten. Das »Rote Wien« wurde legendär, und ist heute noch weltweit anerkanntes Modell für städtische Reformpolitik.

All diese Reformen wurden erkämpft, um das schreiendste Elend zu bekämpfen – und das meist unter widrigen Umständen. Als sich Victor Adler in die Schlacht warf, herrschte schließlich tiefster Absolutismus. Als das Rote Wien aufgebaut wurde, steckte das Land im Nachkriegselend. Grund für übertriebenen Optimismus gab es damals nicht gerade. Aber die Sozialdemokratie war dennoch – oder gerade deswegen – eine optimistische Partei. »Mit uns zieht die neue Zeit«, war die Schlüsselzeile eines der viel gesungenen sozialistischen Kampflieder dieser Epoche. Adler selbst sagte einmal: »Ich bin Optimist durch und durch, aus Temperament und aus Prinzip. Aus Temperament – dafür gibt es weder Vorwurf noch Entschuldigung, aus Prinzip, weil ich glaube, bemerkt zu haben, dass nur der Optimismus … was zuwege bringt. Der Pessimismus ist seiner Natur nach impotent.«

Aber mit Adler und später dem Roten Wien ist die große Geschichte der Sozialdemokratie nicht zu Ende gegangen. Nach 1945 spielte die Partei eine zentrale Rolle beim demokratischen Wiederaufbau, und in den späten sechziger Jahren war es eine runderneuerte SPÖ, die unter Bruno Kreisky eine ambitionierte soziale und demokratische

Reformära begann. »Wir bauen das moderne Österreich«, war damals der Slogan.

Die Sozialdemokratie erfüllte damit eine wichtige Aufgabe, die teilweise quer zu ihren Intentionen lag. Man kann auch sagen: Sie hatte Erfolge, die sich hinter ihrem Rücken entfalteten. Ursprünglich wollte sie die Arbeiter und unterprivilegierten Massen organisieren, um den Kapitalismus zu überwinden und den Sozialismus einzuführen. Mit ihrer Reformpolitik erhielten die einfachen Leute aber auch innerhalb dieses Kapitalismus einen Teil vom Wohlstand, plötzlich konnten auch sie aus ihrem Leben etwas machen – und dieser Kapitalismus wurde dadurch sogar funktionstüchtiger. Und auch die Demokratie wurde dadurch auf ein festeres Fundament gestellt. Indem die bisher Rechtlosen Rechte bekamen, wurden sie in das System integriert und sahen sich nach und nach als Bürger einer Demokratie, der gegenüber sie Loyalität entwickelten. Mehr noch: Viele Arbeiter erhielten die Chance zum Aufstieg, und hörten auf, Arbeiter zu sein. Ihre Kinder schafften den Sprung in die Mittelschicht. Aber damit ist die Aufgabe für die Sozialdemokratie nicht erledigt.

IN WELCHER GESELLSCHAFT WOLLEN WIR EIGENTLICH LEBEN?

Ein berühmtes geflügeltes Wort sagt, dass Tradition nicht darin besteht, die Asche anzubeten, sondern die Flamme weiterzugeben. Aber wie können wir uns unsere Gesellschaft denn vorstellen in 20 Jahren? Was wären reformerische Zielsetzungen für die nächsten Jahrzehnte, ähnlich ambitioniert wie die früherer Zeiten? Was wäre für uns heute eine erstrebenswerte Gesellschaft? Es ist dies eine Frage, die sich heute viele in den verschiedensten sozialdemokratischen Parteien in ganz Europa stellen.

Diese Gesellschaft ist eine,
- in der niemand in eklatanter Not und Existenzangst gefangen ist.
- in der man für gute Arbeit guten Lohn erhält und damit ein Auskommen hat.
- in der alle auch Pläne für die Zukunft machen können.
- in der es ein Bildungssystem gibt, in dem wirkliche Chancengleichheit herrscht.
- in der nicht mehr fast zehn Prozent jedes Jahrganges ohne ausreichende Bildung auf den Arbeitsmarkt kommen – oder korrekt gesagt: eben nicht auf den Arbeitsmarkt –, in der kein Kind mehr als geborener Verlierer ins Leben startet.
- in der das Finanzsystem so reguliert ist, dass wir keine Sorge mehr haben müssen, dass sich morgen schon wieder der nächste Abgrund öffnen könnte, der uns verschlingt – unsere Lebenschancen, unseren Wohlstand, und die Wünsche, die jeder hat.
- in der die materiellen Ungleichheiten ein vertretbares Niveau nicht übersteigen, in der es nicht mehr so ist, dass sich die einen mit Minijobs und einem Stundenlohn von 8 Euro kaputtarbeiten, und andere 10 Millionen Euro Jahresgage verdienen.
- in der materielle Ungleichheiten nicht so ausgeprägt sind, dass aus ihnen grobe soziale Ungleichheiten und Ungleichheiten an Lebenschancen erwachsen, in der sich Klassen nicht abschotten und anderen gegenüber arrogant werden, weil sich die soziale Zerrissenheit so sehr verhärtet hat.

- und in der vor allem die Entwicklung in die richtige Richtung geht: wachsende Gleichheit statt wachsender Ungleichheit. In der die breite Mittelschicht nicht erodiert, sondern in der es wieder möglich ist, durch Fleiß und Anstrengung den Aufstieg zu schaffen.
- in der beide Elternteile ausreichend Zeit haben, so viel, wie sie wollen, bei ihren Kindern zu sein. In der unsere Nachbarschaften besser funktionieren, weil beim Wohnungsbau auf die Bedürfnisse der Bürger besser geachtet wird, weil auf soziale Durchmischung geachtet wird und weil es soziale Dienstleistungen gibt, die sich um die Menschen auch kümmern und für Zusammenhalt sorgen.
- in der wir die Kräfte der Märkte dort nützen, wo sie nützlich sind, aber dort bändigen bzw. ausschalten, wo sie keine wünschenswerten Resultate zeitigen, etwa durch sozialen Wohnbau.
- und in der es keine Rolle für die Lebenschancen eines kleinen Jungen oder eines kleinen Mädchens mehr spielt, ob er oder sie Zoran heißt oder Sabine oder Ayse oder Thomas.
- in der sich die kreativsten und talentiertesten jungen Leute für Staat und Gemeinwesen engagieren, weil sie sehen, dass es sich lohnt, und nicht mehr frustriert werden, wenn sie sich für ihre Werte und Gemeinsinn einsetzen, wie das heute leider viel zu oft der Fall ist.
- in der den Menschen ihre Träume nicht ausgetrieben werden, indem man sie klein und ohne Chancen hält, sondern in der die kreativen Potenziale geweckt werden, die in jedem von uns stecken.
- in der die jungen Leute jene Berufe und Lebensentwürfe wählen können, die ihren Wünschen und Talenten entsprechen, Tätigkeiten, in denen sie aufgehen, und in der sie dafür auch ordentlich bezahlt werden, und nicht nur die Krümel

abbekommen, die heute in prekären Beschäftigungsverhältnissen gang und gäbe sind.

- in der die Bürger nicht mehr das Gefühl haben, dass es sich die wirtschaftlich Mächtigen schon richten, sondern in der alle die gleiche Stimme haben.
- in der jeder und jede mitreden kann und weiß, dass er und sie genauso zählt.
- in der die Menschen von jener Abstiegsangst befreit sind, die sich heute bis weit hinauf in die Mittelschicht frisst, in der jeder durchs Leben gehen kann ohne das Gefühl, er müsse alles in Kauf nehmen, um seinen Job nicht zu verlieren.
- in der jeder und jede daher auch ein bisschen gelassener sein kann, befreit vom Druck des Hamsterrades und der Statuskonkurrenz, und in der sich auch die gesellschaftlichen Werte allmählich wandeln, sodass jeder und jede nach ihren oder seinen einzigartigen Eigenschaften und Fähigkeiten beurteilt wird, und nicht nur nach der ökonomischen Potenz, in der ein Lastwagenfahrer, der ein kreativer Rosenzüchter ist, die gleiche Wertschätzung erfährt wie ein Banker, der sich für Kunst interessiert.

Das wäre schließlich eine Gesellschaft, in der wir den Wohlstand und Reichtum, von denen unsere Großeltern nicht einmal träumen konnten, und die großartigen technologischen Errungenschaften, die wir erreicht haben, dafür nützen, das Leben aller Menschen zu verbessern.

Wir müssten all das mit Optimismus und Elan zu verwirklichen versuchen. Aber Optimismus lässt sich nicht einfach voluntaristisch verordnen. Und es ist ein bemerkenswertes historisches Phänomen, dass oft in Zeiten, in denen das Elend endemisch ist, Optimismus vorherrscht, und in Zeiten, in denen die Zustände objektiv gar nicht so verheerend sind,

Depression grassiert. Wie immer man zu den sozialen und gesellschaftlichen Problemen steht, mit denen wir heute konfrontiert sind – sie sind natürlich lächerlich verglichen mit früheren Zeiten. Und dennoch gab es zu Adlers Zeiten ein positives Zukunftsgefühl. Auch in den dreißiger Jahren, als in den USA Massenarbeitslosigkeit herrschte und die Große Depression das Land fest im Griff hatte, impfte US-Präsident Roosevelt seinen Mitbürgern Zuversicht ein, indem er sagte: »Wir haben nichts zu fürchten als die Furcht selbst.« Denn gerade in Zeiten, in denen schwere soziale Krisen den Menschen jede Zuversicht rauben müssten, ist es offenbar möglich, mit der Aussicht auf bessere Zeiten Elan zu mobilisieren, und besonders gut möglich ist es dann, wenn die Menschen das Gefühl haben, es geht wenigstens ein bisschen aufwärts, während sich in jenen historischen Phasen Verzagtheit in ganze Gesellschaften hineinfrisst, in denen Krisentendenzen zunehmen, in denen sich das Gefühl ausbreitet, dass die Herausforderungen zunehmen, es aber noch unklar ist, wie es weitergehen soll – in Zeiten also, in denen sich ein Unsicherheitsgefühl einschleicht, obwohl noch immer Massenwohlstand herrscht. Vereinfacht gesagt: Ist es ganz übel, gelingt es manchmal, den Optimismus der Bevölkerung zu mobilisieren, dass es jetzt aufwärtsgehen muss. Wenn es nicht gar so übel ist, aber die Schwierigkeiten zunehmen – dann wird die schlechte Stimmung endemisch.

In einer solchen Situation ist es oft so, dass Optimismus einen schweren Stand hat – weil alle erst einmal die Botschaft der Kritik hören wollen, weil erst einmal klargemacht werden muss, worin das Problem jetzt genau besteht. Das ist nicht der Moment, in dem die Botschaft der Hoffnung auf einen fruchtbaren Boden fällt. In solchen Momenten breitet sich schlechte Stimmung aus. Die Bürger schimpfen über die Politiker, aber

erwarten sich ohnehin nichts mehr von ihnen. Alfred Gusenbauer machte einmal den Fehler, diesen negativistischen Ton
als »das übliche Gesudere« zu bezeichnen. Es war nicht seine
glücklichste Wortmeldung.

EIN WIRBELWIND AN IDEEN

Berlin, 27. August 2016. Im Gorki-Theater in Berlin wird eine
Welt der anschwellenden Konflikte auf die Bühne gebracht, es
wird gezeigt, was Nationalismus anrichten kann. »Common
Ground« heißt das Stück der israelischen Regisseurin Yael
Ronen, in dem junge Schauspieler aus dem ehemaligen Jugo-
slawien ihre familiären Verstrickungen entflechten: Die einen
sind Kinder von Opfern eines blutigen Nationalitätenkrieges,
die anderen die Kinder der Täter. Christian Kern war nach-
mittags bei Angela Merkel, abends im Theater und hinterher
mit seiner Gattin Eveline und dem damaligen deutschen
Außenminister Frank-Walter Steinmeier auf ein Bier auf der
Terrasse von Kerns Hotel. Kern bedrängt Steinmeier mit der
Frage, wie man die europäische Sozialdemokratie wieder auf
Erfolgspfad bringen könnte. Die drei sitzen lange zusammen, diskutieren. Kern steckt mit seinem Team mitten in
der Arbeit für seinen »New Deal«-Plan. Ein ganzer Strauß
an Konzepten soll es werden. Seit einigen Wochen tragen
Kerns Mitarbeiter verschiedene Pläne und Gesetzesentwürfe
zusammen, die in den vergangenen Jahren entwickelt, aber
nie realisiert worden waren. Doch die Arbeit stockt. »Mir
wurde dann plötzlich klar: So kommen wir nicht weiter«, erzählt Kern. »Ich war unzufrieden mit dem, was vorhanden
war. Ich dachte mir: Das sind nicht die Antworten, die wir

brauchen.« Am nächsten Tag setzt sich Kern im Frühstücks-
raum im Hotel abseits an einen Tisch und notiert 60 Stichworte, Schlagworte, Überschriften, Grundideen. Was Kern
hier an Richtlinien grob aufschreibt, wird in den nächsten
Monaten von ihm und seinen Mitarbeitern und den Stäben
in den Ministerien ausgefeilt werden.

Wels, Jänner 2017. Vor der Glasfront des Messegeländes
fallen fette Schneeflocken durch die Nacht, angestrahlt von
den Scheinwerfern der Messebeleuchtung. Grelles Schwarz,
grelles Weiß – und 1500 Menschen aus ganz Österreich,
die sich in der viel zu kleinen Halle drängen, um Christian
Kerns lang angekündigte Rede über seinen »New Deal« zu
hören. »Plan A«, heißt der jetzt, was so viel bedeuten soll wie
– Plan für Austria, aber auch der beste Plan. Kerns Kabinetts-
mitarbeiter hatten monatelang durchgearbeitet, und selbst
in den paar Weihnachtsfeiertagen, an denen der Kanzler in
Kärnten auf Schihütten durchschnaufte, noch an Konzepten herumgeschraubt. Erklärtes Ziel: nicht einfach nur vier,
fünf Forderungen medienwirksam zu präsentieren, sondern
ein Reformprogramm zusammenzutragen – eine Art Wirbelwind von Ideen, die sich kurz- und langfristig verwirklichen lassen. Damit sollten gewissermaßen zwei Fliegen auf
einen Schlag gefangen werden. Einerseits – auf der sachpo-
litischen Ebene – sollten ambitionierte Projekte und Gesetzesvorschläge ausgebreitet werden, andererseits soll damit
auch ein Bild verbreitet werden: Da ist eine Partei und ihr
Vorsitzender, die den Stillstand überwinden wollen, die Elan
haben und viele gute Ideen, während alle anderen immer nur
meckern und bremsen.

Christian Kern hatte bis in die Nacht an seiner Rede
gearbeitet – er hat das meiste, was vorbereitet worden war,
noch im letzten Moment zusammengestrichen. Wie in einer

Manege stand er auf seiner Rundbühne, umzingelt von den Zuhörertribünen, und sprach über weite Strecken frei. Politikfeld nach Politikfeld ging er durch, Vorschlag für Vorschlag. Konjunkturimpulse durch staatliche Investitionen, 200 000 zusätzliche Arbeitsplätze, Maßnahmen, die privates Kapital in den sozialen Wohnbau kanalisieren sollen, eine Beschäftigungsgarantie für alle Menschen über 50 Jahre. Ein Mindestlohn von 1500,– Euro. Erstmals seit Langem sprach ein Kanzler wieder vom alten Ideal der Vollbeschäftigung, der man sich in mittlerer Frist wieder annähern wolle. Kern ratterte ein Stakkato von Ideen herunter, die von einem Konjunkturpaket durch Investitionen in die digitale Infrastruktur über mehr Geld für noch bessere Lehrlingsausbildung zu Gehaltstransparenz zur Bekämpfung des Gender-Pay-Gaps, Stärkung kleiner Handwerker durch Reparaturprämien bis hin zum Schutz des Arbeitsmarktes vor Lohndumping und kontraproduktiver Konkurrenz reichten. Und als großes nationales Projekt: Österreich zum internationalen Hightechland für erneuerbare Energien zu machen. Ein »Moonshot«-Projekt wird Kern das später nennen, in Anlehnung an John F. Kennedys seinerzeitige absurd-ehrgeizige Idee, binnen zehn Jahren einen Mann zum Mond zu schicken – einer Idee, die dazu führte, dass sich wichtige Industrien an diesem Ziel ausrichteten und es tatsächlich auch erreichten, vor allem aber mit dem Nebeneffekt, dass Technologien entwickelt wurden, von denen wir bis heute profitieren.

Ein riesiges Bündel an Konzepten. Natürlich kann man nicht erwarten, dass sich irgendein Zuhörer 200 Detailideen merkt. Aber es soll hängen bleiben: Hier hat sich jemand Gedanken über die Zukunft gemacht. Im besten Falle konzentriert es sich dann auf eine Handvoll plakativer Forderungen:

- 1.500,– Euro Mindestlohn für alle Vollzeitbeschäftigten
- Vollbeschäftigung als Ziel, spätestens bis in fünf oder zehn Jahren
- Unterstützung der »Generation Prekär« und der Kleinunternehmer, etwa durch Sozialversicherungen
- ein Tablet für jeden Schüler und jede Schülerin
- mehr Mittel und mehr Lehrer und Lehrerinnen in jene Schulen, in denen die Schüler am meisten Unterstützung brauchen – weil sie schlechtere Startchancen haben
- genauso viel in Lehrlinge wie in Gymnasiasten investieren, zum Beispiel mit einmonatigen, öffentlich finanzierten Sprachkursen im Ausland für Lehrlinge
- Stärkung des Mietrechts – damit die Wohnkosten nicht weiter steigen
- 40 Milliarden Investitionen für erneuerbare Energien mobilisieren und damit 45 000 Jobs schaffen

Aber der Plan A, den Kern da entwirft, ist mehr als ein Sammelsurium von guten Ideen und auch mehr als ein bloßes Marketingprojekt, das dem Wählerpublikum den Eindruck von Ideenreichtum vermitteln soll. Es ist das erste genuine Konzept des SPÖ-Vorsitzenden, das tatsächlich seine Handschrift trägt, und es hat, denkt man es durch, so etwas wie einen roten Faden. Es ist nicht einfach ein sozial aufgehübschtes Modernisierungskonzept à la Tony Blair oder auch nicht reiner Pragmatismus à la Gerhard Schröder. Der Plan A folgt tatsächlich in vielen Punkten der wirtschaftstheoretischen Philosophie von Mariana Mazzucato. Er basiert, wie später die linke Sektion 8 der SPÖ Alsergrund analysieren wird, »im Gegensatz zu wirtschaftsliberalen Annahmen auf dem Gedanken, dass die wirtschaftliche Entwicklung nicht dem Markt alleine überlassen werden kann, dass es vielmehr eine bewusste Industrie- und Innovationspolitik mit einer Reihe von Lenkungsmaßnahmen braucht.

Industriepolitik ist der Versuch, durch eine Reihe von Instrumenten einen koordinierenden und orientierenden Einfluss auf die Entwicklung der Industrie zu erwirken. Zum einen, um ungenutztes innovatives und produktives Potenzial in der Industrie besser auszuschöpfen. Zum anderen, um die industrielle Entwicklung für die Lösung gesellschaftlicher Herausforderungen wie Arbeitslosigkeit oder Energiewende nutzbar zu machen.« Der Plan A ist also der Versuch, eine sozialdemokratische Wirtschaftspolitik für das 21. Jahrhundert zu skizzieren – und nicht bloß nützliche Maßnahmen aneinanderzureihen.

Ein paar Dinge waren für Kern, für sein Team, für das Projekt, das da im Mai gestartet wurde, von Beginn an klar: dass man die Sozialdemokratie wieder mit klareren grundsätzlichen Ecken und Kanten ausstatten müsse, mit einer »akzentuierteren Politik«, wie Kern das nannte, sodass wieder deutlich würde: »Grundsätze stehen vor Machterhalt.« Dass das reine Verwalten des Stillstands, das für so viel Frust gesorgt hat, ein Ende haben müsse. Dass man ein paar dutzend konkrete Konzepte erarbeiten müsse, diese Konzepte vor allem in eine Art neue »große Erzählung« einbetten müsse, in ein Narrativ. Dass diese »Story« der Sozialdemokratie wieder ihre Identität als »Veränderungspartei« zurückgeben und die Partei wieder mehr zur Bewegung werden müsse. All das hat Kern schon bei seinen ersten Wortmeldungen gesagt. Auf diesen Ton war sein Projekt vom ersten Moment an instinktiv gestimmt gewesen. Ganz ohne große, ausformulierte Pläne – ohne lange und detailliert ausgetüftelte Strategien.

Wenn man so ein Projekt beginnt, entsteht das meiste eher »im Vorwärtsgehen«. Neue Fragen tauchen auf und man

146

beantwortet sie, wenn man vor ihnen steht. Manchmal steht man auch vor Fragen, die sich nicht so leicht beantworten lassen. Man entwickelt manchmal auch spontan eine Linie, von der nicht so recht klar ist, ob sie richtig oder falsch ist, ob sie ganz richtig oder nur halb richtig ist. Man macht Erfahrungen, versucht vieles, manches gelingt, manches eher nicht. Manches verwirft man wieder. Und manche Herausforderungen lassen sich nicht ganz optimal lösen, weil sie die Quadratur des Kreises verlangen. Alle paar Augenblicke steht man vor kniffligen Fragen, auf die es keine so leichte Antwort gibt, und auch vor Zielkonflikten, vor Fragestellungen also, bei denen jede Antwort ein wenig falsch und ein wenig richtig zugleich ist. Und all das passiert auch noch unter extremem Zeitdruck, hineingepresst zwischen die hunderten Aufgaben des Regierungsalltags.

EIN »LINKER POPULISMUS«?

Eine dieser Fragen ist etwa die nach dem »linken Populismus«. Dabei geht es nicht einfach darum, dass man gelegentlich etwas zuspitzt, dass man sich deutlich ausdrückt oder versucht, populär zu sein. »Linker Populismus« wäre, wenn das Wort irgendeinen Sinn haben soll, schon mehr: der Versuch, den Rechtspopulismus mit seinen eigenen Mitteln zu schlagen. Für einen solchen linken Populismus gibt es eine Reihe guter Argumente. Zunächst ist das Wesen einer populistischen Strategie, und das ist ihr eigentliches Charakteristikum, der Versuch, ein »Wir« zu etablieren. Und ein solches »Wir« etabliert man immer gegen und in Abgrenzung zu einem »Sie«. Die belgisch-britische Politikwissenschaftlerin Chantal Mouffe macht sich seit Jahren für einen solchen Populismus stark – sie meint, dass gerade ein solcher Populismus der Kern des Politischen ist. Die Alternative wäre eine entpolitisierte Technokratenpolitik, die die kommunikativen Fäden zu den Menschen verliert, und damit gerade für jene politischen Pathologien verantwortlich ist, die wir heute in unseren Gesellschaften beklagen.

Populismus ist nicht eine politische Logik unter einer Reihe verschiedener politischer Logiken, er ist, wenn man ihn richtig versteht, »die politische Logik«. Die technokratische Logik ist nicht eine alternative politische Logik, sondern sie ist eine unpolitische Logik, die der Bevölkerung keinen Platz mehr in der politischen Arena zugesteht, sondern auf verwalterische Weise über stummgemachte Bürger herrscht. Das begründet die seltsame Verwandtschaft des Pragmatismus mit dem Autoritarismus. Der Pragmatismus braucht keine Bürger, die sich beteiligen, weil die nur stören würden. »Wir müssen Populismus als den Weg betrachten, die Einheit einer Gruppe erst zu konstituieren«, schrieb Mouffes langjähriger Partner, der jüngst verstorbene argentinisch-britische Philosoph Ernesto Laclau in seinem Buch »On Populist Reason« (»Über populistische Vernunft«). Das Volk, das der Populismus adressiert, existiert nicht bereits, es wird durch ihn erst erschaffen. Oder zusammengeschweißt, um das salopp zu sagen. Der Populismus spricht nicht alle Bürger an, also den *populus*, sondern vor allem die *plebs*, die Unterprivilegierten, die bisher nicht gehört wurden. Aber er ist mehr als das, er ist eine politisch-rhetorische Operation, die postuliert, dass »die plebs der einzig legitime populus ist« (Laclau), und die die demokratischen und die sozialen Rechte der Bevölkerung gegenüber den Eliten und den Oligarchen artikuliert. Populismus ist »die Stimme derer, die aus dem System exkludiert sind«. Er stiftet relative Identität unter heterogenen Gruppen, den Gruppen jener, die sich angesprochen fühlen. Populismus, so verstanden, ist eine widerständige (gegen-)hegemoniale Strategie gegen die neoliberale Postpolitik. Laclau: Nur der Populismus »ist politisch; der andere Typus bedeutet den Tod der Politik«. Der deutsche Populismus-Forscher Jan-Werner Müller sieht das in gewisser Hinsicht genauso, aber zugleich exakt andersrum, denn er meint, dass dies noch lange nicht ausreicht, um eine Populismus-Diagnose zu erstellen. Eine Art Konfrontationspolitik gegen etablierte Eliten sei doch nicht Populismus, sondern eine normale Oppositionsstrategie. Wäre das schon Populismus, »stünde jeglicher Dissens mit den Mächtigen immer sofort unter Populismusverdacht«. Und auch »nicht jede Konstruktion eines Kollektivs ist Populismus«, meint Müller.

Ein solcher »linker Populismus« ist also eine Oppositionsstrategie – und damit, vereinfacht gesagt, natürlich aus der Opposition am leichtesten zu verwirklichen. Ist man als Progressiver in der Opposition – etwa wie Bernie Sanders –, dann situiert man sich als »jenseits des Establishments«. Politische Missstände, von der wachsenden Ungleichheit bis zur endemischen Korruption, werden mehr oder weniger präzisierten »etablierten Eliten« angelastet. Eine solche rhetorische Operation lässt sich natürlich dann am besten bewerkstelligen, wenn man eine junge, neu entstehende linke Bewegung vertritt, wie etwa Syriza in Griechenland oder Podemos in Spanien. Diese neuen linken Bewegungen konstruieren also ein »Unten« gegen ein »Oben«. Podemos spricht von »La Kasta«, mit der das gesamte politisch-ökonomische Establishment des Post-Franco-Spaniens gemeint ist, die Occupy-Bewegung wurde legendär mit dem Slogan »Wir sind die 99 Prozent«, womit das Bild einer imaginären Einheit des Volkes gegen das obere Prozent evoziert wurde.

Es ist schon erheblich schwieriger, als sozialdemokratische Partei, die seit beinahe 140 Jahren existiert, in dieser Zeit viele Jahre in der Regierung war, die von vielen Leuten selbst schon als »Obrigkeit« oder zumindest als Teil des Systems angesehen wird – und, vor allem, die gerade in der Regierung ist –, eine solche Rhetorik auch nur in Spurenelementen zu pflegen. Eine linkspopulistische Anti-Eliten-Strategie wird ein amtierender Bundeskanzler nicht gerade leicht hinbekommen – selbst wenn er es wollte. Zugleich hat die Sozialdemokratie in diesen 140 Jahren eine gewisse Routine entwickelt – man könnte auch sagen: eine gewisse schizoide Mentalität –, an den Schalthebeln der Regierung zu sitzen und sich zugleich als Opposition gegen das System zu sehen. Man stellt zwar Kanzler und Minister – will das System aber verändern. Man ist zwar in Amt und Würden – sieht sich aber in Opposition zum Neoliberalismus, der ja schließlich herrscht. Das ist seit jeher eine Art sozialdemokratische Gespaltenheit: »An der Macht? Wir doch nicht!« Man soll darüber nicht spotten. Diese gewisse mentale Zerrissenheit, man könnte auch sagen, der innere Vorbehalt gegenüber den Verhältnissen, die man auch in der Regierung mit verwaltet, kann extrem produktiv sein. Im Grunde ist dieser Vorbehalt eine Notwendigkeit. Nur so kann man Reformkraft bleiben.

Zugleich wird zugespitzte Anti-System-Opposition in der Regierung nicht leicht funktionieren, und schon gar nicht, wenn man in einer Koalition mit einem konservativen Regierungspartner sitzt. Es spricht aber noch etwas gegen die zugespitzte Anti-Establishment-Rhetorik eines linken Populismus: Progressive Parteien in heterogenen Gesellschaften müssen breite Allianzen bilden, um Mehrheiten zu gewinnen. Mit Linkspopulismus der beschriebenen Art könnte man möglicherweise die Deklassierten, die Wütenden, die Frustrierten gewinnen, würde sich aber zugleich den linksliberalen Mittelschichten entfremden und eher bürgerliche Wähler der Mitte abschrecken – was man auf der einen Seite gewinnt, wird man dann womöglich auf der anderen Seite verlieren. Kurzum: Die regierende Sozialdemokratie tut also gut daran, eine gewisse Ambivalenz beizubehalten.

WO BITTE GEHT'S HIER ZUM NARRATIV?

Dieses Thema ist eng verbunden mit der Frage, welche grundsätzliche Geschichte die Progressiven denn heute zu erzählen haben. Oder wie man das neumodisch nennt: welches Narrativ?

Als rational denkende, vernunftbegabte Menschen würden wir uns ja nie von simplen, betörenden Storys beeinflussen lassen. So jedenfalls denken wir uns das. Das ist gewissermaßen unser Selbstbild. Man könnte auch sagen: Das ist die simple, betörende Story, die wir uns über uns selbst erzählen. Aber wir wissen auch, dass das nicht so stimmt. Nicht nur die Werbeindustrie lebt von diesen Storys. Auch die Politik ist davon geprägt.

Die Konservativen erzählen, beispielsweise, die Geschichte von der fleißigen, sparsamen schwäbischen Hausfrau, die nicht mehr ausgibt, als sie einnimmt. Und das ist nicht nur eine ökonomische, sondern eine moralische Allegorie. Diese Hausfrau ist verantwortungsbewusst, sie liegt niemandem auf der Tasche. Sie würde wohl nie ihr Haushaltsgeld für eine Flasche Rum ausgeben und sich einen hinter die Binde kippen, und Schulden würde sie natürlich auch nie machen.

Der Rechtspopulismus ist ohnehin eine mythenbasierende Politik. Der kleine Mann gegen die korrupten Eliten.

Unten gegen oben. David gegen Goliath. Die Nation »great again« machen. Auch mache Demagoginnen, die sich links tarnen, wie Sahra Wagenknecht, versuchen dieses Muster nachzuspielen und erzählen die Story: Sie belügen euch, aber das Volk lässt sich nicht mehr belügen, und ich erzähle euch jetzt die Wahrheit. Etwa: Wenn Assad Fassbomben abwirft und die Russen Bombenteppiche über Aleppo legen, dann sind trotzdem irgendwie immer die Yankees schuld.

Auch die Linken und Progressiven hatten in den vergangenen 150 Jahren solche eingängigen Geschichten: die von den einfachen Arbeitern, die die Welt erobern werden, weil sie es ja auch sind, die alle Reichtümer schaffen. Den Untersten gehört die Zukunft, die Letzten werden die Ersten sein. Aber dafür muss man hart an sich arbeiten: etwas lernen, sich bilden, sich organisieren. Und sie hatten Heldengeschichten: Geschichten von Figuren, die auch unter widrigen Bedingungen aufgestanden sind und den notwendigen Kampf gekämpft haben, trotz des Windes, der ihnen ins Gesicht blies. Mit nichts auf ihrer Seite als der Vermutung, dass die Geschichte auf ihrer Seite sei.

Aber welch ein Narrativ haben die Progressiven heute? Auf der Internetplattform Opendemocracy.net fand unlängst eine interessante Debatte über das »Myth Gap« statt – salopp übersetzt also über die »Mythen-Lücke«, die den Progressiven zu schaffen mache. »Während unsere Instinkte dahin gehen, den Lügen und Verzerrungen mit Fakten und Daten zu begegnen, ist die wirkliche Herausforderung, die Rechten auf dem Feld der Mythenproduktion und des Storytelling zu schlagen.« Es braucht also ein »Narrativ«, in das sich all die Fakten und Daten und Positionen zu Sachfragen einfügen. George Lakoff, der linke amerikanische Guru des »politischen Framing«, hat das einmal so formuliert: »Sachfragen sind zweitrangig. Sie sind nicht unbedeutend oder unwichtig, aber sie sind zweitrangig. Eine Position in Hinblick auf Sachfragen sollte immer abgeleitet werden von den Werten, und die Entscheidung, welche Sachfragen man ins Zentrum stellt, sollte diese Werte symbolisieren.«

Lakoff weiter: »Jeder liebt eine gute Story. Ein gutes Argument beinhaltet eine Geschichte – mit Helden und Schurken. Diese Geschichten helfen dabei, Werte, Grundsätze, Meinungen, Statistiken in Erzählungen zu verwandeln, die einen Beginn, eine Mitte und ein Ende haben. Die grundlegenden Rollen in diesen Narrativen sind der Held, der Schurke, das Opfer und der Helfer. Viele dieser Geschichten handeln von Selbstverteidigung, von Rettung, davon, wie man Hürden und Hindernisse überwindet (der Held als Opfer von Umständen, die er aber meistert), oder wie man seine Potenziale realisiert (der Held hat spezielle Talente und durch Disziplin und Glück verhilft er ihnen zum Durchbruch). Der Autor und frühere US-Arbeitsminister Robert Reich nennt ›vier essenzielle amerikanische Storys‹. Erstens, die vom ›siegreichen Individuum‹, also vom Selfmademan. Zweitens, die ›mildtätige Gesellschaft‹, die erzählt, dass wir alle in einer Community zusammengehören. Eine eher negative Story ist die vom ›Mob, der schon am Eingangstor rüttelt‹, also von Bedrohung. Zuletzt die Geschichte von der ›Fäulnis an der Spitze‹, also von den Eliten, die ihre Macht missbrauchen und das Gemeinwesen ausplündern.«

Alex Evans meint auf Opendemocracy.net, progressive Storys müssen Bilder evozieren von einem »größeren Wir« – also von einer Gemeinschaft, die zusammen etwas weiterbringt –, von einem »längeren Jetzt« – also von einer besseren Zukunft – und von einem »besseren Leben«. Und diese Geschichten müssen Komplexität so reduzieren, dass sie gewissermaßen ein Leitfaden »durch die enormen psychologischen Herausforderungen turbulenter und unsicherer Zeiten« sind.

Das heißt: Es geht nicht nur darum, hunderte gute Vorschläge zu machen und Konzepte zu erklären, wie das Christian Kern mit seiner großen Plan-A-Rede machte. Sondern es bedarf einer größeren Geschichte, in die diese Vorschläge eingebettet sind, und die den einzelnen Vorschlägen Bedeutung verleiht. Eine Geschichte ergibt sich natürlich automatisch aus dem Bild »wir sind energetisch, wir entfachen einen Wirbelwind, wir haben, im Unterschied zu den anderen, unzählige gute Ideen«.

Aber die Sozialdemokratie muss ein neues Bild von sich zeichnen, sie muss erzählen, wie sie sich selbst sieht. Und diese Geschichte muss erst wieder entwickelt werden.

EINE STORY FÜR EINE MODERNE SOZIALDEMOKRATIE

Einige Elemente dieser Geschichte lassen sich aufzählen: Wir sind aktiv, weil die Welt, wie sie ist, nicht optimal ist. Wir sind und bleiben in Opposition zu den Verhältnissen. Auch wenn wir regieren, dann regieren wir, um zu verändern: Wir sind opponierende Regierende oder regierende Oppositionelle. Die Sozialdemokratie steht für den Schutz aller Menschen vor ökonomischem Druck, von allen Menschen, die bedroht und Zwang ausgesetzt sind. Sie steht auch dafür, dass alle Menschen das Leben führen können, das sie führen wollen.

Ein zentrales Element dieses Narrativs ist die Aussage: Ohne Freiheit ist alles andere nichts.

Und um diese Freiheit verwirklichen zu können, müssen allen Menschen Chancen und Möglichkeiten offenstehen.

Denn Fairness und Gerechtigkeit bedeuten, dass nicht die einen viele Chancen haben und die anderen nur wenige Möglichkeiten. Dafür braucht es Wohlstand und Prosperität, die wie die Gezeiten am Meer alle Boote heben, nicht nur die Luxusjachten.

Doch eine solche lebenswerte Gesellschaft kann nur dann erreicht werden, wenn wir uns als Gemeinschaft verstehen und zusammen dafür engagieren. Darum sieht es die erneuerte Sozialdemokratie der Zukunft als ihre Aufgabe, neue Bündnisse zu schließen. Sie wird wieder zu einer Bewegung werden, die verschiedene Bevölkerungsgruppen zu einem gemeinsamen Handeln vereint. Dazu öffnen wir sie, dazu machen wir die Fenster auf und entstauben sie. Diese Bewegung umfasst diejenigen, die in einer Gesellschaft leben wollen, in der es einen Wohlstand gibt, der allen zugutekommt; diejenigen, die die Chancen und Möglichkeiten des Fortschritts ergreifen möchten, um eine gut funktionierende Gesellschaft zu schaffen, in der sich alle als gleichwertig und auf Augenhöhe begegnen; diejenigen, für die Sicherheit und soziale Absicherungen wichtig sind, damit sie aus ihrem Leben etwas machen können, ohne existenzielle Angst oder Angst vor dem Abstieg haben zu müssen; diejenigen, die nicht wollen, dass alle unsere Lebenswelten von Kommerz, Ökonomisierung, Privatisierung und Konkurrenz vergiftet und zerstört werden.

Während die Rechte die Menschen gegeneinander aufhetzt und uns einreden will, dass wir alle immer im Kampf gegeneinander stehen, sind wir die Bewegung des Gemeinsinns. Wir wissen: Im Grunde wollen alle Menschen ein Leben in Zufriedenheit und Sicherheit, sie sind bereit, sich gemeinsam dafür einzusetzen, und Gesellschaften, die das Wohl aller im Auge haben, werden auch für alle mehr erreichen.

Denn das ist die neue sozialdemokratische Allianz der Zukunft. Und dieser Allianz wird die Zukunft gehören. Sie wird, von der lokalen Ebene in den Vierteln und den Kleinstädten über die nationale Ebene bis auf die Ebene der Europäischen Union, eine Politik entfalten, die für eine kluge Wirtschaftspolitik sorgt und damit Wohlstand für alle schafft, die dafür sorgt, dass es gerecht zugeht, und sie wird die Toleranz und die Vielfalt hochhalten, ohne die die pluralistischen Demokratien, wie wir sie wollen, nicht funktionieren können.

Wir wollen das nicht für die Bürger und Bürgerinnen erreichen, sondern mit den Bürgerinnen und Bürgern. Eine moderne Regierung kann keine Regierung sein, die über die Bürger regiert, sie hat eine Regierung zu sein, die mit den Bürgern regiert.

IST DIE KRISE DES KAPITALISMUS ÜBERWINDBAR?

All das sind natürlich nicht mehr als ein paar erste, aber wichtige Stichworte. Eine andere knifflige Frage ist, was heutzutage eine langfristige sozialdemokratische Orientierung sein kann. Das intellektuelle Fundament der sozialdemokratischen Idee ist nämlich möglicherweise eine kleine Spur brüchiger, als man glaubt. Die frühe Sozialdemokratie von Victor Adler bis zum Roten Wien war getragen von der Idee des Klassenkampfes, des letztlich unüberwindbaren Interessengegensatzes zwischen Arbeiterklasse und Kapitalistenklasse, und hatte die Überwindung des Kapitalismus daher als geistigen Horizont.

Die Nachkriegssozialdemokratie hat sich von dieser Aussicht verabschiedet. Vielleicht hatte auch sie schon keine wirkliche kohärente Philosophie mehr. Im Grunde hat sie die alte sozialistische Philosophie durch zwei Gedankengänge ergänzt. Die eine stammte von dem linksliberalen Denker Karl Polanyi, für den der Kapitalismus in seiner ganzen Geschichte durch eine doppelte Bewegung charakterisiert ist: einerseits durch die Tendenz zu freien Märkten, die aber die Gesellschaft zu zerreißen drohen, und andererseits durch den Pendelschlag gegen freie Märkte, also durch die Regulierung der Märkte im Interesse der Gesellschaft. Der zweite Gedankengang entwickelte sich im Anschluss an die von John Maynard Keynes formulierte Wirtschaftsphilosophie: dass der Kapitalismus stabilisiert werden könne, wenn man ihn streng reguliert, wenn man also für Umverteilung sorgt, für angemessene Löhne, für Massenwohlstand, Konsumnachfrage und mehr materielle Gerechtigkeit. Diese beiden Gedankengänge führten zu der Gewissheit, dass eine »gemeinwohlorientierte Politik« in einem ganz grundlegenden Sinne möglich ist – dass es zwar vielleicht »Interessenkonflikte« und »Klassenkampf« noch auf einer Mikroebene gibt, aber nicht mehr notwendigerweise auf der Makroebene der Gesamtgesellschaft. Sozialdemokratische Politik in diesem Sinne ist »für alle gut«, während konservative und wirtschaftsliberale Politik letztendlich »allen schadet« – sowohl den Reichen wie den Armen, den Arbeitern wie den Kapitalisten. Das sozialdemokratische Nachkriegsprojekt glaubte an eine Politik des Gemeinwesens, die für jedermann nützlich ist und deshalb harte Konflikte gar nicht mehr braucht. »Sublimierter Klassenkampf«, nannte Bruno Kreisky das in einer geistreich-ironischen Wendung. Und in Zeiten hoher Wachstumsraten erwies sich diese Philosophie ja auch als richtig. Sozialdemokratische Politik, die mehr Gerechtigkeit herstellte, ging einher mit einer prosperierenden Expansion des Kapitalismus.

Aber mit sinkenden Wachstumsraten und immer geringeren Produktivitätszuwächsen könnte diese Perspektive fragwürdig werden: Kann man eine Gesellschaft ohne große Konflikte im Interesse aller führen; gibt es eine praktikable Politik des Gemeinsinns, die faktisch allen nützt?

All das sind Fragen, auf die es noch keine fixen, einfachen Antworten gibt – es sind eher Thematiken, die man genau erforschen wird müssen, die aber heute schon auf subtile Weise die gesellschaftlichen Stimmungen beeinflussen. Denn so akademisch diese Überlegungen klingen: Sehr, sehr viele Menschen haben das brutale, instinktive Gefühl, auch wenn sie es nicht so genau formulieren würden, dass die Konzepte und Ideen von früher heute möglicherweise nicht mehr funktionieren. Sie haben gesehen, dass der westliche Kapitalismus 2008 beinahe kollabiert wäre. Und dass alle Versuche, ihn wieder flottzukriegen, seither eine Flickschusterei ohne großen Plan sind.

KNIFFLIGE FRAGE: WIE PATRIOTISCH DÜRFEN PROGRESSIVE SEIN?

Eine ähnliche offene Frage, bei der heute mehr instinktiv als abgesichert agiert wird, ist die nach einem progressiven Patriotismus. Die konservative und populistische Rechte hat Begriffe wie Heimat und Patriotismus gekapert. Sie sagt, »Österreich zuerst«, und gefällt sich in der Pose des Patriotismus. Sie sagt, wir kümmern uns um »unsere Leute«, und zeichnet damit ein Bild, in dem nur sie sich »um unsere Leute« kümmert, während alle anderen Österreich angeblich verraten.

Die Linken und Progressiven reagieren darauf mit Zorn und Ärger, aber oft ohne Konzept.

Der amerikanische Denker Richard Rorty hat schon vor beinahe zwanzig Jahren ein schmales Büchlein mit dem Titel »Achieving Our Country« herausgebracht – im Sinne von »Unser Land vorwärtsbringen«. In deutscher Übersetzung erschien das Buch mit dem Titel: »Für unser Land«. Darin beklagt Rorty, die Linke habe es aufgegeben, »Partei der Hoffnung« zu sein, und plädiert für eine patriotische Linke. Diese sollte versuchen, »die Überreste unseres Stolzes als Amerikaner zu mobilisieren« – denn »links« zu sein, habe in den USA bis in die fünfziger Jahre geheißen, das Land »vorwärtsbringen«. Erst die »neue Linke«, die Rorty die »kulturelle Linke« nennt, habe die Reformorientierung durch fundamentale Systemkritik ersetzt, sich von den sozial bedrängten Amerikanern abgewandt und diese damit sich selbst überlassen. Sie habe sich nur mehr mit der »Politik der Differenz«, der »Identitäten« befasst und das Bündnis mit den Gewerkschaften zerbrochen. Diese Bewegungen, ergänzte Rorty in einem Gespräch mit der »Zeit«, »sprechen sehr differenziert über Rasse, Ethnie und Geschlecht, aber über die Armen haben sie wenig zu sagen«.

Mark Lilla hat diesen Ball unlängst, zwanzig Jahre später, in der »New York Times« wieder aufgenommen und einen Text geschrieben mit dem Titel: »The End of Identity Liberalisms« – frei übersetzt: »Das Ende der Identitäts-Linken«. Kurz zusammengefasst, argumentiert Lilla, die auf Differenz fixierte Kulturlinke habe überall den Ton auf die Heterogenität gelegt. Schwarze, Hispanics, Schwule, Lesben, Transen, jede unterdrückte Minorität sollte sich im Sinne der Identitätspolitik befreien. Dabei hatte man die Gefahr übersehen, dass dann irgendwann auch ressentimentgeladene Weiße mit der

Identitätspolitik anfangen könnten – und das Ergebnis sei dann der rechte Populismus.

Man muss das nicht vollends unterschreiben – und kann dennoch manches an dieser Argumentation für bedenkenswert erachten. Rortys Hinweis, wie eine »antipatriotische« Linke der populistischen Rechten in die Hände zu spielen vermag, sollte jedenfalls nicht leichtfertig übergangen werden.

Der Aufschwung der populistischen Rechten ist die pervertierte Ausprägung einer Revolte, über die Pierre Bourdieu sagte, sie trete in »bizarren Formen« auf, »wenn wir nichts tun«. Der Einbruch der populistischen Rechten in weite Teile des einstmals sozialdemokratischen Wählerpotenzials hängt nicht zuletzt mit dem Umstand zusammen, dass die Sozialdemokratie auf Ängste und Bedrohungen der Unterschichten keine Antwort mehr gibt. Und es ist in diesem Zusammenhang nicht unerheblich, daran zu erinnern, dass die Integration der Unterklassen bislang auf dem Boden des national verfassten Sozialstaates erfolgte, der nicht nur ein »Wir« versus die »Anderen« in Stellung zu bringen, sondern auch Prinzipien der Ausschließung in Prinzipien der Einschließung zu verwandeln vermochte. Der Nationalstaat war eben nicht nur der Humus für rassistische Schrecklichkeiten und aggressive Verrohung, sondern eben auch das Terrain des Politischen, auf dem die Prinzipien eines sozial gerechten Gemeinwesens ausverhandelt wurden. Es war, grosso modo, die Ordnung ihres je verschiedenen Nationalstaates, die die benachteiligten Klassen entweder als gerecht oder als ungerecht ansahen. Ökonomische Umverteilung sowie Transfers, die auch den Zukurzgekommenen Entwicklungsmöglichkeiten gewährten, kamen bisher auf der Ebene des Nationalstaates zum Tragen.

Dass die Globalisierung den Nationalstaat unterspült und zugleich den Sozialstaat und all die sozialen Sicherheitsnetze infrage stellt ist tausendmal analysiert worden – aber gerade das führt dazu, dass sich viele von einer Re-Nationalisierung Schutz erhoffen. Auf transnationaler Ebene hat sich bisher jedenfalls nichts herausgebildet, was es mit der Schutzfunktion des nationalen Sozialstaates aufnehmen könnte. Auch Solidarität erweist sich eher im Nahbereich des Nationalstaates als tragfähig.

Bruno Kreisky hat einmal erzählt, wie er selbst zu etwas wie einem progressiven Patriotismus kam – nämlich im Exil in Schweden, bei der Lektüre des »Mannes ohne Eigenschaften« von Robert Musil: »Vieles von dem, was ich bisher als literarisch bedeutsame und kritische Schilderung meines Landes empfunden hatte, erschien mir plötzlich liebenswert. Ein melancholischer Ernst lag über diesem Österreich, und in dem Maße, wie die Jahre gingen, und jenes Österreich, das ich kennengelernt hatte, in der Erinnerung verblasste, trat in mir ein anderes Österreich hervor, eines, das es erst zu schaffen und zu erwerben galt. Und so hat Robert Musil mir zu einem, wenn ich so sagen darf, sublimierten Patriotismus verholfen, der sicher auch meine politische Vorstellungswelt beeinflusst hat.« Im Exil in Schweden habe er, erzählte Kreisky, einen »sozialen Patriotismus« kennengelernt. »Ich nahm mir damals vor, eines Tages auch in Österreich einen solchen Patriotismus zu verwirklichen.«

Kern hat das bereits in seiner ersten Regierungserklärung im Parlament aufgegriffen, als er sagte: »Wir wollen eine Politik der Weltoffenheit einer geistigen Verengung gegenüberstellen und wir wollen eine Politik der Heimatverbundenheit und des Patriotismus dem Chauvinismus und der Hetze gegen Minderheiten gegenüberstellen.«

Patriotismus wird so dem Chauvinismus gegenüberge-
stellt. Chauvinist ist, wer andere Völker abwertet. Patriot ist,
wer sein Land verbessert, etwa so, wie das Bertolt Brecht in
seiner berühmten »Kinderhymne« sagte:

Und weil wir dies Land verbessern
Lieben und beschirmen wir's
Und das liebste mag's uns scheinen
So wie andern Völkern ihrs.

Progressive tun sich aber freilich mit Patriotismus immer
etwas schwer – traditionell, weil sie sich immer schon als
Internationalisten verstanden haben, nicht als Nationalis-
ten. Auch eine gemäßigte Rhetorik, die Sprachbilder des Pa-
triotischen gebraucht, bereitete ihnen daher immer schon ein
wenig Bauchweh.

DAS SCHWIERIGE THEMA: WENN MIGRATION
NICHT NUR BEREICHERUNG IST

Es gibt aber auch aktuelle Gründe: Die zunehmende Multi-
kulturalität unserer Gemeinwesen macht es schwierig, zu
definieren, was uns als Österreicher und Österreicherinnen
ausmacht. Im besten Fall verstehen wir uns als Gemeinwesen, das Bürger und Bürgerinnen verbindet, die different, also
unterschiedlich sind. Im schlechtesten Fall verschwindet der
soziale Kitt und man lebt nebeneinanderher, ohne sich miteinander verbunden zu fühlen. Für Sozialdemokraten ist das
aber eine schwierige Situation. Denn, so schreibt der ehemalige Kreisky-Sekretär und Diplomat Thomas Nowotny: »Die
Sozialdemokratie hatte ihre größten Erfolge in Gesellschaften,

welche, so wie die skandinavischen, kulturell-ethnisch homogen waren. Diese Homogenität hat eine gesamtgesellschaftliche, wirtschaftliche und soziale Solidarität erleichtert, wenn nicht überhaupt erst möglich gemacht. Das durch starke Einwanderung verursachte Aufklaffen von im Alltag erfahrbaren kulturellen Unterschieden hat diese Solidarität jedoch untergraben.« Simpel gesagt: Wenn sich Leute, die zusammenleben, als »Ähnliche« empfinden, dann lässt sich Solidarität leicht mobilisieren. Empfinden sie sich als zunehmend »Unähnliche«, dann wird das schwieriger. Ein realistisches Programm erfordert für die Sozialdemokratie, meint Nowotny, daher einen Kompromiss zwischen verschiedenen wesentlichen Zielen und Wertvorstellungen. »Da ist einerseits die Tradition humanistischer Weltoffenheit und internationaler Solidarität. Sie würde die Sozialdemokratie zu einer sehr großzügigen Einwanderungs- und Flüchtlingspolitik motivieren. Andererseits ist die Sozialdemokratie gerade den Schwächeren in der österreichischen Gesellschaft verpflichtet, und es sind gerade diese Schwächeren, welche von den negativen Auswirkungen verstärkter Einwanderung besonders betroffen sind, weil die Zuwanderer ihnen Arbeitsplätze streitig machen; weil sie Sozialleistungen mit ihnen teilen müssen; und nicht zuletzt und hauptsächlich deshalb, weil sie sich als die Schwächeren in der Gesellschaft durch das Andere und Fremde besonders bedroht fühlen.«

Nachdem in den letzten Jahren über hunderttausend Flüchtlinge nach Österreich gekommen sind, droht das Thema Migration alle anderen Thematiken zu überstrahlen. Sensationalistische Medien schüren eine Notstandsstimmung. Die Bevölkerung ist gespalten. Viele Bürgerinnen und Bürger haben sich engagiert und eine große Hilfsbereitschaft gezeigt, andere wiederum sind skeptisch und finden, dass es jetzt reicht oder dass wir uns überfordert haben. Viele betrachten Migration als Bereicherung, andere wiederum sehen, wie sich ihre Viertel und ihre Lebenswelten verändern, und fühlen, dass sie ihre gewohnte Welt verlieren. Die breite Mehrheit der Österreicher hat Angst vor Desorganisation, Desintegration und Chaos, will aber auch keine Politik der Böswilligkeit und der Hartherzigkeit und keine Politik, die die Menschen gegeneinander aufhetzt. Die Menschen wissen, dass Integration notwendig ist, passieren wird, aber auch keine einfache Sache ist. Sie wissen, dass das Zusammenleben unterschiedlicher Menschen unterschiedlichster Herkunft und kulturellen Hintergrundes sehr oft nicht leicht ist und dass es da Konflikte gibt. Das wissen die, die immer schon hier waren, und das wissen die, die zugewandert sind – die große Mehrheit auf allen Seiten. Und sie wissen auch, dass die Gegner eines gedeihlichen Zusammenlebens die Radikalen sind, die Öl ins Feuer gießen und Konflikte schüren. Radikale Islamisten etwa, die den Islam in Kampfstellung bringen wollen gegen »den Westen«. Und hiesige Rechtsradikale, die ihrerseits zündeln und genauso wie die Fundamentalisten versuchen, ein Wir-gegen-Sie loszutreten und die Menschen gegeneinander aufzuhetzen.

Einwanderung und Integration sind seit Jahren schon hochemotionalisierte Themen. Migration führt immer zu Konflikten. Viele Jahrzehnte später lacht man dann möglicherweise darüber. Die USA gelten allgemein als Einwanderungsland. Aber als vor 130 Jahren hunderttausende katholische Iren in die USA einwanderten, waren viele überzeugt, diese Leute mit ihrer anderen Religion (die USA waren ja protestantisch geprägt) würden sich nie integrieren, noch dazu, wo ja lauter halb verhungerte Analphabeten kämen, die gewalttätig wären und sich dauernd betrinken. Iren galten als nicht integrierbar. Und diese Urteile wirkten bis in die fünziger Jahre dieses

Jahrhunderts. Als John F. Kennedy zur Präsidentschaft kandidierte, dachten viele, dass es völlig unmöglich sein würde, dass die Amerikaner einen irischstämmigen Katholiken zum Präsidenten wählen würden. Und es war noch Anfang der sechziger Jahre eine regelrechte Kulturrevolution, dass die das dennoch taten.

Ein Kennedy als Präsident der USA – das war 1950 noch so unwahrscheinlich wie heute ein Öztürk als Präsident von Österreich.

Immer wieder hört man: »Immigration ist eine Bereicherung für alle«. Aber das geht an der Realität vorbei. Denn sie ist nicht immer eine Bereicherung, und schon gar nicht von Anfang an. Der niederländische Soziologe Paul Scheffer, der Experte schlechthin für die kollektiven emotionalen Verwerfungen, die Massenemigration nach sich zieht, hat das so formuliert: »Am Anfang steht häufig auf beiden Seiten ein Gefühl des Verlustes, das Gefühl, eine vertraute Welt zu verlieren. Es ist offensichtlich, dass Immigration aus der Sicht der Einwanderer einen Bruch aller bisherigen sozialen Beziehungen bedeutet.« Sie verlieren ihre Heimat, ohne sofort eine neue Heimat zu finden, mit den Vertrautheiten, die Heimat bedeutet, mit der Sicherheit, sich zurechtzufinden. Aber, so Scheffer weiter: »Gleichzeitig erfahre ich so viele Geschichten von Einheimischen, die auf andere Art und Weise dasselbe Gefühl von Verlust erleben, das Gefühl, dass die Welt, die sie kannten, verschwindet.«

Scheffer: »Ich höre Erzählungen, die mit der Aussage beginnen: ›Ich habe ja nichts gegen Fremde, aber …‹ In diesem ›aber‹ steckt eine große Bandbreite verworrener Erfahrungen, die ich ernst nehme.« Man kann Migration nicht verstehen, nicht verstehen, vor welche Herausforderungen sie uns stellt, wenn man diese Erfahrungen der einheimischen

Bevölkerung sofort moralisch be- und verurteilt. Zuallererst muss man verstehen, dass die Menschen ein Verlustgefühl teilen, das sie aber nicht verbindet. Die Einheimischen verlieren Vertrautheit, und die Zuwanderer verlieren Vertrautheit. Scheffer spricht von einem Muster in drei Etappen: Vermeidung, Konflikt und Verständigung. Zunächst vermeidet man Kontakt. Man tut so, als wäre alles unverändert. Jeder lebt in seinen Kreisen, man lebt nicht zusammen, sondern nebeneinanderher. Das lässt sich aber nicht ewig aufrechterhalten. In dieser nächsten Phase kommt es häufig zu Konflikten. Und darauf folgt dann Verständigung. Wir müssen diese Quellen der Konflikte verstehen. Wir müssen sie auf unserer jeweiligen eigenen Seite verstehen – wir müssen verstehen, warum manche Einheimische auf Zuwanderung mit Abwehr reagieren. Wir müssen verstehen, warum manche Zuwanderer mit Abwehr und Abkapselung reagieren. Wir müssen die jeweilige andere Seite verstehen, den anderen verstehen. Wir müssen auch versuchen, mit den Augen des jeweils anderen zu sehen.

Einwanderer kommen hierher mit großen Hoffnungen. Für manche erfüllen sich diese Hoffnungen, für manche nicht, für viele nur Teile davon. Ihre Kinder sind hier geboren, gehen hier in die Schule, werden aber buchstäblich jeden Tag damit konfrontiert, dass sie hier doch gar nicht wirklich »dazugehören«. Sie werden in der Fremdheit gefangen gehalten und machen sich dann irgendwann auch die Fremdheit zu eigen. Wenn ich schon als anders behandelt werde, dann entwickle ich irgendwann einen unproduktiven Stolz darauf, anders zu sein. So wächst der Zorn in den Einwanderer-Communities. Nicht bei allen, bei Weitem nicht, wohl nicht einmal bei einer relevanten, großen Menge. Die Mehrheit kommt damit gut zurecht. Aber eine Minderheit entwickelt Zorn. Man muss die

Quellen dieses Zorns verstehen, auch wenn man seine Folgen sehr oft nicht entschuldigen kann und darf.

Aber fast jedes Einwandererkind hat wahrscheinlich Spuren dieses Zorns in sich – weil es so viele verletzende Erfahrungen gemacht hat.

Zugleich sind viele der Einwanderer natürlich Menschen mit schlechteren ökonomischen Chancen, sie ziehen dann in jene Stadtviertel, in denen das Wohnen gerade für finanziell schlecht ausgestattete Familien noch erschwinglich ist. Das heißt: Armut und Einwanderung ballen sich dann in diesen Vierteln. Diese Viertel werden, wenn man nichts dagegen tut, noch unterprivilegiertere Stadtviertel, aus denen jeder wegzieht, der es sich leisten kann.

Aber sehen wir uns jetzt die Einheimischen an: Was macht das alles mit ihnen? Zum Beispiel mit jenen, die schon immer in diesen Vierteln gelebt haben? Sie sehen, wie ihre Bezirke zu Wohngegenden mit einem schlechten Ruf werden – und geben dafür natürlich den Einwanderern die Schuld. Zugleich verwandelt sich ihre vertraute Umgebung. Sie fühlen sich nicht mehr daheim. Das, was für sie daheim war, wird vor ihren Augen fremd.

Diese Leute fühlen sich mit Recht keineswegs privilegiert, nur weil sie Einheimische und Österreicher seit Generationen sind. Sie haben ihr Leben lang hart gearbeitet, sie sind oft zugleich auch ökonomisch unter wachsendem Druck, weil die Globalisierung und der gesellschaftliche Wandel ihre Jobs wegrationalisiert, sie haben eine generelle und berechtigte Sorge vor der Zukunft und jedenfalls nicht das Gefühl, dass es sehr viele gute Gründe gibt, mit Optimismus in die Zukunft zu blicken.

Bei all diesen schwierigen psychopolitischen Themen geht es auch um Respekt. Wer sich respektlos behandelt fühlt, der wird zornig. Wer täglich das Gefühl xenophober Ausgrenzung hat, der fühlt sich respektlos behandelt. Wer aber auch das Gefühl hat, dass seine Sorgen nicht ernst genommen werden, dass er vielleicht sogar von oben herab lächerlich gemacht und ausgelacht wird wegen dieser Sorgen, der wird auch zornig. Noch dazu, wenn er das Gefühl hat, er wird von Leuten herabgewürdigt, die diese Sorgen nicht teilen, weil sie selbst gute Jobs haben, in schönen Vierteln wohnen und von Migration nur berührt werden, wenn sie auf der Universität diejenigen unter den Migranten treffen, die es schon geschafft haben. Und sagt: Was wisst ihr schon von den Problemen der normalen Leute? Ihr in eurer schönen Parallelwelt der Eliten?

Und das sind dann oft auch die Leute, die sich von den Sozialdemokraten verraten fühlen. Die finden, diese Sozialdemokraten interessieren sich gar nicht mehr für sie.

Aber zugleich gibt es so viele Orte, an denen das Zusammenleben großartig funktioniert. In unseren Schulen, den Gymnasien und den Mittelschulen, in den Kleinstädten, in den großen Flächenbezirken in Wien, in Klassen, in denen Kinder aus zehn Nationalitäten sitzen. Türken, Tschetschenen, Chinesen, Österreicher, Deutsche, Bulgaren, Ägypter, die alle wie selbstverständlich die täglichen kulturellen Übersetzungen zuwege bringen, die ja unsere plurale Gesellschaft auszeichnen – kulturelle Übersetzungen: verstehen, wie der andere tickt, das viele sehen, was uns verbindet, und die Details zugleich, die uns unterscheiden, ohne dass sie uns deswegen trennen müssen.

Das sind einige der Fragen, vor denen heute jeder steht, der der Sozialdemokratie wieder intellektuelles Profil geben will – und damit auch Christian Kern: Was ist das Narrativ einer Sozialdemokratie im 21. Jahrhundert? Ist die Gemeinwohlorientierung der Nachkriegssozialdemokratie noch tragfähig? Kann es einen progressiven Patriotismus geben, noch dazu in immer heterogeneren und multikulturellen Gesellschaften? Wie geht man mit Einwanderung um – und wie insbesondere mit der Ablehnung von Migration in Teilen der eigenen Wählerschaft?

DER AUFSTIEG DER ROBOTER – VERSCHWINDEN UNSERE JOBS?

Noch ein Problemfeld thematisierte Kern vom ersten Tag an: die Folgen der technologischen Entwicklung, ihre Auswirkungen auf den Arbeitsmarkt und auf den Sozialstaat. Denn wir müssen damit rechnen, dass in den nächsten Jahren und Jahrzehnten möglicherweise kaum ein Stein auf dem anderen bleibt. Der amerikanische Technologie-Experte Martin Ford hat in seinem Buch »The Rise of the Robots« (»Der Aufstieg der Roboter«) einige der dramatischen Aussichten skizziert, die vor uns liegen. Bisher ging man von der Grundannahme aus, so Ford, »dass Maschinen Mittel sind, um die Produktivität der Arbeiter zu erhöhen. Stattdessen verwandeln sich die Maschinen nun selbst in Arbeiter.« In den großen Fabriken arbeiten kaum mehr Beschäftigte an Maschinen – die Maschinen selbst werden von Computern gesteuert, und es reichen meist eine Handvoll Arbeiter, um diese Computer zu überwachen und zu warten. Demnächst werden aber viele Branchen revolutioniert werden. Faktisch jede Arbeit, die einigermaßen »voraussehbar« ist, kann durch einen Algorithmus und eine Maschine getan werden. Von Anwaltskonzipienten, die Gesetzestexte durchstöbern, bis zu Ärzten, die Röntgenaufnahmen analysieren und Diagnosen stellen – all das kann ein Roboter bald nicht nur billiger, sondern sogar besser, weil nämlich genauer machen. Regaleinschlichter im Supermarkt werden wohl genauso ersetzt werden wie die Burger-Brater und -Verkäufer bei McDonald's. Foxconn, die chinesische Firma, die vor allem für Apple arbeitet, gab 2012 bekannt, eine Million Roboter anzuschaffen. Große Versandhaus-Firmen wie Amazon drängen den Einzelhandel zurück und arbeiten zwar heute noch mit schlecht bezahlten Arbeitern, die die Produkte aus den Regalen holen und für den Versand fertig machen – aber sehr bald werden auch sie durch Roboter ersetzt werden. Das was man bisher etwas salopp als Charakteristikum der Globalisierung ansah – die Verlagerung von Jobs aus reichen Ländern in Länder mit niedrigem Lohnniveau –, ist fast schon Geschichte. Die britische Textilindustrie hat ihren Output in den vergangenen Jahren verdoppelt – und zwar, weil die Produktionsstätten teilweise wieder in die reichen Länder zurückverlegt werden. Wenn ohnehin mit Robotern produziert wird, haben Niedriglohnländer plötzlich keinen Standortvorteil mehr.

All das wird Folgen haben, für die es in der Geschichte bisher kein Modell gibt. Frühere technologische Revolutionen hatten schließlich eine ganz andere Wirkung. Die Industrialisierung zerstörte Jobs – im Handwerk, in der Landwirtschaft –, aber sie schuf Millionen neuer Stellen in Fabriken und Büros. Bauern und Landarbeiter, deren Existenzgrundlage verloren ging, fanden in aller Regel viel bessere Stellen in den neuen Branchen (oder zumindest ihre Kinder). »Computer und das Internet haben aber eine ganz andere Auswirkung auf die Beschäftigung«, schreibt der US-Ökonom James K. Galbraith. »Das Verhältnis von Jobs, die zerstört werden, zu Jobs, die entstehen, ist extrem hoch (…). Und die, die ihre Jobs verlieren, sind buchstäblich überflüssig.«

Die technologische Revolution ist jedenfalls eine wichtige Triebkraft der steigenden Ungleichheit. »So wie ich die Daten interpretiere, ist Technologie die treibende Kraft des jüngsten Anstiegs der Ungleichheit«, sagt der MIT-Forscher Erik Brynjolfsson, der gemeinsam mit seinem Kollegen Andrew McAfee zu den führenden Forschern auf diesem Gebiet zählt. Mit Bildung allein wird man diesen Trend nicht bekämpfen können. Das Argument, dass Leute mit spezifischen, hohen und hier vor allem technischen Qualifikationen, die von Softwareprogrammieren, Webdesign bis zu Versicherungsmathematik reichen, heute immense Einkommen erzielen können, während alle anderen tendenziell unter die Räder kommen, weil sie zu schlecht ausgebildet sind, steht auf recht tönernen Füßen. Es unterstellt, dass der Großteil der Mittelklasse, ganz zu schweigen von der Unterschicht, einfach schlecht ausgebildet ist. Aber das ist natürlich Unsinn: In allen entwickelten Volkswirtschaften befindet sich heute die bestausgebildete Generation auf dem Arbeitsmarkt, beinahe jeder junge Mann und jede junge Frau aus der Mittelklasse kann heute schon auf einen Universitäts- bzw. Fachhochschulabschluss oder Vergleichbares verweisen. Der Punkt ist nur, dass das heute den meisten nichts mehr hilft. Während vor 30 Jahren schon die Matura eine nahezu sichere Garantie für einen guten Job, ein gutes Einkommen und eine sichere Karriere war, ist das heute eben nicht mehr der Fall. Oder, wie es im Fachjargon heißt: Die »Bildungsdividende« geht heute für die allermeisten einfach nicht mehr auf. Eine halbe Generation gut ausgebildeter Leute hangelt sich von Praktikum zu schlecht bezahlten prekären Jobs und ist schon froh, wenn sie eine Anstellung ergattert, die etwas mehr Einkommen bringt, als die Wohnung kostet.

Das eigentliche Problem ist eben: Technologie zerstört heute mehr Jobs, als sie schafft, was dann alle Arbeitnehmer unter Druck bringt, aber die mit den schlechtesten Qualifikationen unter den größten Druck. MIT-Forscher Brynjolfsson bestätigt diese These. Er zeigt gern zwei Kurven, die für sich sprechen: Die eine zeigt das Wachstum der Beschäftigung, die andere das Wachstum der Produktivität (also, grob gesprochen, den technologischen Fortschritt). Jahrzehntelang verliefen diese Kurven parallel, also mit dem Produktivitätsfortschritt wuchs der allgemeine Reichtum, und damit wuchsen auch die wirtschaftlichen Möglichkeiten aller Bürger, nicht nur der an der Spitze, sondern einer breiten Mittelschicht. Aber seit dem Jahr 2000 streben diese Linien auseinander. »Die große Abkoppelung«, nennt das Brynjolfsson.

Hinzu kommt ein weiterer wichtiger Sachverhalt: Da es gerade Branchen mit hoher Produktivität sind – in denen traditionell gute Löhne gezahlt wurden –, die vollständig robotisiert werden, steigt die Beschäftigung vor allem im Dienstleistungssektor an, in dem die Produktivität traditionell niedrig ist – und somit auch die Einkommen. Im Dienstleistungssektor wurden immer schon im Durchschnitt signifikant niedrigere Löhne bezahlt als in der Industrie. Und das bedeutet dann natürlich ebenso logischerweise, dass das allgemeine Lohnniveau sinkt, wenn immer mehr Jobs im verarbeitenden Gewerbe verloren gehen, während die meisten Jobs in Dienstleistungsbranchen entstehen.

»Wenn wir uns heute mit gesellschaftlicher Analyse beschäftigen«, sagte Kern bei seiner Antrittsrede als Parteivorsitzender, »dann wissen wir, dass die Digitalisierung und die Automatisierung unaufhaltsame, sich beschleunigende Phänomene sein werden, die alle Bereiche durchdringen werden. Und damit verbunden gibt's eine enorme Chance, weil es wird riesige Produktivitätsgewinne geben, die daraus resultieren.« Aber damit ergeben sich massive Herausforderungen, da »Digitalisierung bedeutet, dass sich am Ende Lohnarbeit verändern wird, dass sie möglicherweise weniger werden wird, dass große Sektoren massiv davon betroffen sein werden. Und die richtigen Fragen lauten: Wie wollen wir in Zukunft Erwerbsarbeit definieren? Wie wollen wir in Zukunft mit der vielen Freiwilligenarbeit umgehen, die in unserem Land geleistet wird, die mit der Pflege, mit der Arbeit in den Familien passiert? Wir müssen uns aber auch mit der Frage beschäftigen, wenn die Lohnarbeit weniger wird: Wie werden wir diese verteilen? Wie wollen wir Arbeit verteilen und wie gehen wir mit Arbeitszeiten um? Wir müssen uns auch mit der Frage beschäftigen: Wie können wir vor diesem Hintergrund unseren Sozialstaat sichern, weil der wird heute nahezu ausschließlich aus der Lohnsumme finanziert. Und wenn die Lohnquote sinkt, ist klar, dass unser Gesundheitssystem, unsere Pensionen, unsere Familienleistungen, unser Pflegesystem unter Druck kommen. Aber wir müssen uns auch mit der Frage beschäftigen: Wie schaffen wir hier ein System, das Innovationen und Investitionen nicht verhindert? Und deshalb bin ich so überzeugt davon, dass wir uns über kurz oder lang intensiv mit der Frage beschäftigen müssen: Wie verbreitern wir die Finanzierung unseres Sozialstaats? Und da gibt's jetzt wieder eine Riesendebatte über Maschinensteuer und dergleichen, weil viele da für meine Begriffe ziemlich nervös geworden sind. Aber wenn man das nüchtern analysiert, wenn man sich Modelle anschaut, dann sieht man, wenn man das gescheit macht, belohnt man jene, die Beschäftigung schaffen, und kann auch unseren Schlüsselindustrien hier in Österreich bessere Rahmenbedingungen sichern. Weil unser Prinzip ist: Wir wollen jene belohnen, die Beschäftigung sichern – das sind

unsere Partner: die, die Arbeit geben, und die, die Arbeitsplätze schaffen und sich an die Regeln halten.«

Als Kern Gedanken wie diese erstmals äußerte, machte
er eine interessante Erfahrung: sofort reagierten Koalitionspartner und politische Konkurrenz wie von der Tarantel ge-
stochen. Kern wolle jetzt eine »Maschinensteuer«, komme mit
»Konzepten aus der Mottenkiste« und ähnliche Parolen waren
zu hören. Dabei hatte er ja nur ausgesprochen, was jedem ver-
nünftigen Menschen klar ist: Dass ein Staat, der einen Großteil
seiner Sozialausgaben über Steuern auf Arbeit finanziert, Probleme bekommen wird, wenn immer mehr Arbeit durch Maschinen ersetzt wird. Dass aber auch jene Unternehmen, die
viele Beschäftigte benötigen, dann einen Nachteil gegenüber
den weitgehend automatisierten Betrieben haben werden, die
natürlich viel weniger Abgaben bestreiten müssen. Dass also,
kurzum, diese Unternehmen alle Vorteile und Extraprofite ab-
sahnen würden, die sich aus dem technologischen Fortschritt
ergeben – während immer weniger Unternehmen und immer
weniger Beschäftigte allein die Ausgaben für das Gemeinwesen schultern müssen. Dass man daran auf mittlere Sicht
etwas ändern muss, sollte jedem klar sein. Aber in der Politik
vergräbt man sich lieber in Dogmen und wirft mit Parolen um
sich. Kern: »Dabei wird in unseren Konzepten die Anschaf-
fung von Maschinen gerade nicht belastet. Denn sobald du die
Abschreibungen auf Investitionen aus der Berechnung raus-
nimmst, triffst du die Investitionen gar nicht mehr.« Aber wer
hohe Gewinne macht, obwohl er wenige Beschäftigte hat, soll
genauso zur Finanzierung des Sozialstaats beitragen wie Unternehmen, die viele Arbeiter beschäftigen. Zugleich machte
Kern auch noch eine zweite Erfahrung: Trotz des Versuches
der politischen Konkurrenz, dem Begriff »Maschinensteuer«
einen negativen, fortschrittsfeindlichen Beiklang zu geben,

erwies sich die Idee als populär, wie Meinungsumfragen bald bestätigten. Denn die Bürger und Bürgerinnen wissen sehr genau, wie dynamisch sich unsere Gesellschaft verändert und dass die Konzepte, die vorgestern noch funktioniert haben, bald nicht mehr funktionieren werden – und dass sie auf zeitgemäße Weise adaptiert werden müssen. Und dass man Risiken in Möglichkeiten verwandeln kann, wenn man kreativ denkt, statt den Kopf in den Sand zu stecken.

Eine zeitgenössische Sozialdemokratie muss Optimismus ausstrahlen. Progressive, die nur abwehren wollen – das »Schlimmste verhindern« –, werden niemanden begeistern. Zugleich ist natürlich klar, dass Kerns Kanzlerschaft vom ersten Moment an von der Tatsache geprägt war, dass unsere liberalen Demokratien sich in einer Art Belagerungszustand befinden. Wären die führenden Sozialdemokraten nicht in heller Panik gewesen, wäre er ja nicht Kanzler geworden. Trump, Putin, Orban, Le Pen, der Aufstieg des Rechtspopulismus und Rechtsradikalismus – spätestens im Jahr 2016 wurde für jeden klar, dass das Niveau an Zivilisiertheit und die demokratischen Usancen, die für die meisten von uns lange Zeit als gesichert galten, auf dem Spiel stehen. Man kann die Demokratie aber nicht verteidigen, wenn man sich auf das Verteidigen beschränkt.

SCHLUSS

Es wäre weltfremd anzunehmen, Christian Kern habe von Beginn an einen großen Plan gehabt, den er seitdem einfach durchzieht. Das wäre nicht nur weltfremd, sondern sogar beängstigend. Denn einen Politiker, der nicht täglich dazulernt und sich da und dort auch korrigiert, kann sich niemand wünschen. Und einen, der nicht gelegentlich auch zweifelt, schon gar nicht. Wir sitzen in Christian Kerns Wohnzimmer, sprechen über alte Zeiten. Kern trägt Hemd, Jeans, Sportschuhe. Seine Frau Eveline kommt bei der Türe herein, seine Tochter Karla beißt gerade in ihr Abendbrot. Eveline klinkt sich in das Gespräch ein, spitzt die Ohren: »Diese Geschichten von früher, die Jugendgeschichten, die kenne ich ja gar nicht.« Kern erzählt von Studententagen, vom Studentenvertreterkammerl auf der Gruwi – der damaligen »Grund- und Integralwissenschaftlichen Fakultät« –, wo wir uns seinerzeit das erste Mal begegnet sind, er erzählt von den abgewetzten und speckigen Sofas, den Rauchschwaden, die in der Luft hingen, und sagt dann: »Weißt du, das ist jetzt dreißig Jahre her, und wir sind auch klüger geworden, haben vieles gelernt seither, ich habe auch einen zwanzigjährigen Umweg über die Wirtschaft genommen, aber in gewissem Sinne geht es noch um das Gleiche wie damals.« Die Welt zu einem besseren Ort zu machen. Aber auch, die drückende Atmosphäre des Provinzialismus zu vertreiben. Um

Bildung, um Aufklärung. »Um Emanzipation«, sagt Kern. Um die Entfesselung der Kunst aus Konventionen, darum, dass man etwas wagt, und um eine Befreiung in den Köpfen. »Damals war Claus Peymann gerade Direktor des Burgtheaters geworden. Welchen Einfluss der hatte! Ich bin fest davon überzeugt, dass so jemand letztendlich mehr bewirkt als jeder Minister. Das hat dazu beigetragen, die Diskurse zu verändern. Der hat die Öffentlichkeit zu Auseinandersetzungen gezwungen. Der hat das Land wirklich verändert.« Diese Philosophie muss erneuert werden, fügt Kern hinzu. »Es geht bei Weitem nicht um die Modernisierung der Wirtschaft allein. Sondern in einem viel weiteren Sinne darum, unsere Gesellschaften zu öffnen und zu durchlüften.« Deswegen hat Kern ja auch unmittelbar nach seinem Antritt als Kanzler als erster Regierungschef bei der Regenbogenparade gesprochen und unter dem frenetischen Jubel der Leute gesagt: »Mein Name ist Christian Kern und ich bin hier, um mit euch für Toleranz und Vielfalt einzutreten. Ja, ich bin der Bundeskanzler und ich bin bei der Regenbogenparade. Aber, na und? Ja, mein Gott, es ist 2016! Die Zeit dafür war längst reif, die war überreif.«

Progressive Reformbewegungen wie die Sozialdemokraten und andere waren seit mehr als zweihundert Jahren Produkte der Aufklärung, sie sind von der aufklärerischen Tradition, die mit Voltaire, Kant und anderen begann, nicht zu trennen. Man könnte es das Kontinuum der Aufklärung nennen: von der Gleichheit der Menschen vor Gott über die Gleichheit vor dem Gesetz zur Gleichheit aller Männer und Frauen, der Menschen aller Rassen und Ethnien bis zur Gleichheit aller Rechte und Ansprüche der Menschen als Bürger. Kern: »Diese Modernisierung muss weitergehen, und die Kunst und die Kultur haben hier eine große Aufgabe, diese Aufbruchszeit müssen wir wieder hinkriegen. Wir müssen mit vielen Avantgardisten etwas ausprobieren, weg von alten Ritualen. Ich erinnere mich, in meinen frühesten Studententagen hat mir ein Professor eine 600-Seiten-Dissertation über Josef David Bach und die Bewegung der Arbeitersymphonieorchester gegeben, die haben dann, ich glaube, auf der Jesuitenwiese war das, Schönberg und Berg gespielt, und tausende sind gekommen, die sich das angehört haben. Das hat mich extrem beeindruckt, das habe ich nie vergessen. Und diese Dinge, die haben immer etwas bewirkt.«

Seit einem Jahr ist Christian Kern jetzt Kanzler, und er hat auch viel hinter sich. Da und dort hat er Lehrgeld zahlen und sich gelegentlich selbst korrigieren müssen. Manches hat auch etwas schlechter funktioniert, als er sich das vielleicht vorgestellt hatte, wie etwa die Auseinandersetzung um das Freihandelsabkommen CETA mit Kanada samt Mitgliederbefragung in der SPÖ, bei der es ein wenig gerumpelt hat. Auch mit dem Koalitionspartner hat es sich immer wieder verhakt. Zugleich weiß Kern, dass gar nicht so wenig gelungen ist. Selbst in der Regierung ist einiges vorwärtsgebracht worden, seine Partei hat wieder konzeptionell zu denken begonnen, und in seinem Plan A hat er viele Vorschläge gemacht, die seit Wochen die Debatte bestimmen. Und zugleich weiß Kern, dass er seine größte Prüfung noch vor sich hat: die nächsten Nationalratswahlen, wann immer die sein mögen, bei denen er einen Wahlsieg der rechtspopulistischen Freiheitlichen verhindern muss, die angeblich – so sagen es jedenfalls die regelmäßig veröffentlichten Umfragen – seit bald zwei Jahren stabil auf Platz eins liegen. Kern hat aufgeholt, aber natürlich noch nicht genug. Erste Umfragen haben seine Partei zuletzt auch wieder auf Platz eins gesehen. Es ist jedenfalls klar: Kern hat eine Trendwende bewirkt. Aber noch reicht das nicht.

Christian Kern ist von Leuten umgeben, die ihm unterschiedliche Ratschläge geben, aber er weiß auch insgeheim, dass von ihm eine Art Quadratur des Kreises verlangt wird. Einerseits muss er zeigen, dass er seine Partei modernisiert, aber zugleich darf er nicht primär als Parteimann erscheinen, sondern muss glaubwürdig der sein, der zuallererst Österreich voranbringen will. Er muss eher im Kanzlerkostüm glänzen als mit der Parteimütze durchs Land ziehen. In der Realität lässt sich beides ohnehin nicht trennen, aber neben der Wirklichkeit gibt es natürlich noch die mediale Wirklichkeit, und beide müssen keinesfalls immer übereinstimmen.

Das ist freilich nur eine der komplizierten Aporien. Mit seinem Plan A hat Kern durchbuchstabiert, wie viel progressive Wirtschaftspolitik im Nationalstaat noch machbar ist, und ein Maßnahmenpaket geschnürt, das auf Bildung, Innovation, Investitionsförderung setzt sowie auf den Schutz des Arbeitsmarktes vor Lohndumping, auf Arbeitszeitflexibilisierung und auf staatsinterventionistische Arbeitsbeschaffungsprogramme. Es ist ein Mix, wie man ihn eher von pragmatischen Politikern der Mitte kennt, von Leuten wie Helmut Schmidt etwa. Zugleich ist die Wirksamkeit solcher Maßnahmen heute begrenzt, solange wichtige Entscheidungen über die makroökonomischen Hauptpfade in den Institutionen der Europäischen Union gefällt werden.

Außerdem muss Kern sich als Politiker gegen das System positionieren, als einer, der rebellisch und unzufrieden ist und mit der Elitenpolitik aufräumt, die so viele Menschen satthaben, als einer, der von außen kommt und dieses Spiel der Berufspolitik nicht mitmacht. Zugleich muss er aber der breiten Mitte der Wähler das Sicherheitsgefühl geben, dass da einer ist, der die Dinge im Griff hat und nicht noch zusätzliche Krisen in ihr Leben bringt. Die Stimmung in der Bevölkerung ist ja zwiespältig. Ironisch gesagt: Die Leute wollen eine Revolution, aber zu radikal soll sie bitte nicht sein.

Und zu guter Letzt: Um zu reüssieren, muss Kern die breite Mitte der Bevölkerung gewinnen, muss aber gleichzeitig seine linken Anhänger und potenziellen Aktivistenmilieus inspirieren, damit diese sich für ihn in den Wahlkampf werfen. Aktivistenmilieus sind nur ein schmaler Ausschnitt der knapp sechseinhalb Millionen Wahlberechtigten und funktionieren anders als diese. Wer diese Milieus und die eigenen Anhänger vergrault, dem fehlen dann am Ende die enthusiastischen Leute, ohne die man keinen Wahlkampf führen kann. Kern ist kein Grübler, aber es klingt schon nachdenklich, wenn er sagt: »Es gibt da eine gewisse Ambivalenz, die ich produziere, das ist mir klar.«

Es ist kein Wunder, dass er immer wieder darüber nachdenkt, seine Linie vielleicht nicht korrigiert, aber doch deutlich modelliert. So klingt er gelegentlich wie ein linker Sozialdemokrat, dann wieder wie ein rechter Sozialdemokrat, ein anderes Mal wie einer der Mitte. Aber ist er einer, der driftet? Einer, der innerlich zerrissen ist? Ich frage mich, ob er sich in diesen zwölf Monaten, seitdem er Kanzler ist, verändert hat. Ein grundlegend anderer ist er natürlich nicht geworden. Und dass manches von innen dann schwieriger ist, als es sich von außen ausgenommen hat, ist nicht weiter verwunderlich.

Kern ist sicher kein Hamlet, der zaudert, und auch keiner, der grundsätzlich von Selbstzweifeln zerrissen wäre. Das ist womöglich auch eine seiner Stärken, denn wer zu sehr zweifelt, wird auf niemanden überzeugend wirken können. Politiker brauchen heute vielleicht sogar einen Überschuss an Selbstsicherheit, sie müssen Entschlossenheit schon alleine darum darstellen, weil sich ein unbedingter Wille auch in ein Bild, ein Image übersetzt: in das Bild, dass da einer ist, der wirklich etwas bewirken will und sich das auch zutraut. Wer sich selbst nichts zutraut, dem werden auch die anderen nichts zutrauen. »Macht entspringt in der Politik aus Machterwartungen«, formulierte unlängst die Hamburger »Zeit«. Wer diese Erwartungen nicht verkörpert, dem wird eben auch kein Leadership zugetraut.

Aber auch das klingt in der Theorie einfacher, als es ist. Leadership zeigen. Seine Ziele zu formulieren, einen Spirit zu entwickeln – man könnte auch sagen: eine Aura als Figur, ein Image, das man haben will –, und dann Mehrheiten zu umwerben. Aber als Politiker ist man sofort in ein System eingezwängt, das zu Kompromissen zwingt. Koalitionspartner, die einen bremsen wollen. Politische Konkurrenten, die einen stolpern sehen wollen. Mitarbeiter, Berater, professionelle Politikexperten, die Ratschläge erteilen und erklären, was alles nicht funktioniert. Die einen sagen, dass nur das eine funktioniert, die anderen, dass nur das Gegenteil funktioniert. Dazu die Medien, die Meinungsumfragen, tausend Einflüsse, die einen nicht notwendigerweise bestärken, sondern ins Grübeln bringen und einem damit den Elan rauben können, einen auch vom Weg abbringen können. All das gehört auch zur politischen Realität.

Christian Kern hat in diesem ersten Jahr auch sehr vieles adaptiert – wirkliche oder auch nur scheinbar neue Umstände. Er betrat mit einer Leichtigkeit die Bühne, die zuvor selten gesehen wurde. »Wie wird man so cool wie dieser Mann?«, titelte die »Zeit« wenige Monate nach Kerns Amtsantritt. Politik sei selten cool, formulierte der Autor. Ja, es gibt Barack Obama. Dann noch Justin Trudeau. Aber dann ist schon ziemlich Schluss. Unter Sozialdemokraten gibt es Frank Walter Steinmeier und Sigmar Gabriel. Nun ja, daran sieht man schon, fuhr der Autor fort: »Eine schwierige Mission: als

Sozialdemokrat lässig zu sein.« Dann verfällt der Text von der Stichelei in eine Art Bewunderungsmodus. »Lässig ist, wer sich eigener Sprache bedient. Wer selbstbewusst genug ist, sein Glück nicht an Ämter zu hängen. Mut ist lässig. Selbstironie ist lässig. Lässig ist ein unbeirrter, aber schlendernder Gang. Auch Sozialdemokraten können lässig sein. Das beweist Christian Kern (SPÖ). Der wahrscheinlich coolste Regierungschef Europas. Ein Quereinsteiger. Da gibt es dieses Bild auf seinem Instagram-Kanal. (…) Unscharfer Spiegel einer Vespa im Vordergrund, Säulen im Hintergrund, mediterrane Anmutung. Christian Kern, in der Mitte des Bildes, geht durch Wien und hat dabei was unübersehbar Agentenhaftes. Was nicht nur die Sonnenbrille macht und der leicht geöffnete Mund, als sei er notfalls zum Küssen bereit, sondern die gesamte Haltung, die Ruhe und Entschiedenheit seines Gangs. Er schlendert in das Chaos der österreichischen Politik, FPÖ, lahme Wirtschaft, kaputte Volksparteien, und alles an ihm sagt: Ich regle das mal. Und währenddessen schleicht sich Werner Faymann weg, der Ex-Kanzler, ein Mann mit dem Charisma eines Eichhörnchens. Selbstverständlich wäre das nicht mehr als ein Bild, hätte Christian Kern nicht eine fulminante Antrittsrede vor dem Parlament gehalten. Für Mut, Weltoffenheit, gegen Angst. Eine Rede für die Abgewendeten und Ermüdeten. Für jene, die sich wundern über die Ästhetik der Berufspolitik: die Sprache, Gesten, Rituale. Politik wird nicht lässig, wenn man sie schräg fotografiert. Lässig wird sie erst, wenn sie Lust macht auf die Zukunft. Na, SPD, wie wär's mal mit einem Praktikum in Wien?«

Kern ist als Person populär. Zu seinen Auftritten drängen oft tausende Menschen, und nie geht es ohne endlose Schlangen von Menschen ab, die ein Selfie mit dem Kanzler wollen. Zugleich weiß Kern, dass er diese Popularität auch nicht überschätzen darf. Gegenwärtig ist das Meinungsklima in Österreich im Besonderen, aber auch in Europa ganz generell einem sozialliberalen Progressivismus nicht unbedingt günstig. Schon im Herbst erhielt Kern eindeutige Daten der Demoskopen, die erfreulich, aber ernüchternd zugleich waren. Erstens: Die SPÖ ist unter seiner Führung wieder auf dem Sprung, Nummer eins in den Umfragen zu werden. Es gibt gute Gründe anzunehmen, dass die Partei nach einem Wahlkampf auch an den Rechtspopulisten von der FPÖ wieder vorbeiziehen würde. Zweitens: Die SPÖ selbst hat keine besonders guten Werte. Auch wissen die meisten Menschen nicht mehr so recht, wen die Partei vertritt. Am ehesten wird sie als Stimme der Mittelschicht gesehen. Aber Kern ist das Zugpferd der Partei. Drittens: Während die große Mehrheit der Befragten sich selbst als »politische Mitte« verortet, sehen sie die Sozialdemokratie und Kern selbst deutlich links von sich. Normalerweise behalten Parteien solche demoskopischen Erhebungen für sich. Parteigeschäftsführer Niedermühlbichler präsentierte die Daten aber in einem seltsamen Hintergrundgespräch im Spätwinter einer Handvoll Journalisten, mitsamt den strategischen Schlussfolgerungen, die die Partei aus den Befragungen zu ziehen vorhat. »Herausgestellt habe sich, dass Kern anfangs zu weit links positioniert war«, berichtete der »Kurier«. Und weiter: »Als Achillesferse der SPÖ stellte sich in den Forschungen zudem das Sicherheitsthema heraus.« Man werde daher eine »Neupositionierung in der Mitte« versuchen.

Dieses Pressegespräch war natürlich ein Unfall, und offenkundig ungeschickt. Solche politischen Lenkmanöver setzt man, wenn man sie für richtig hält, aber man redet nicht öffentlich darüber, und schon gar nicht, wenn es so heikle Fragen wie die grundsätzliche Orientierung betrifft. Zu sagen, dass man die Inhalte an Meinungsumfragen orientiert, sendet ja schließlich die fragwürdige Botschaft an die Wähler, dass man es mit den eigenen Grundsätzen nicht allzu ernst nimmt. Aber das Ungeschick eines Parteigeschäftsführers, der bei einem Pressegespräch verunfallt, ist selbstverständlich nur die eine Seite der Sache. Denn natürlich ist klar: Niemand wird von solchen demoskopischen Erhebungen unbeeinflusst bleiben. Und das ist ja nicht einmal prinzipiell ein Problem. Es ist nicht unbedingt falsch, wenn man seine Schlüsse aus Umfragen zieht. Ein Problem wird es erst, wenn man die falschen Schlüsse aus Umfragen zieht und viel zu viel Zeit und Energie darauf verschwendet, sich mit dem Meinungsklima zu beschäftigen, um sich an dieses anzupassen, anstatt es zu verändern. Zugleich wird man aber auch annehmen müssen, dass sich ein verfestigtes Meinungsklima nicht so leicht verändern lässt, vor allem, wenn man dafür nicht allzu lange Zeit hat – weil die nächsten Wahlen spätestens in eineinhalb Jahren stattfinden. Aber auch wenn man das realistisch so einschätzt, ist nicht klar, was daraus folgen sollte.

Nehmen wir nur die Themenkomplexe »Sicherheit« und »Migration«, die nicht nur in Österreich – ob uns das gefällt oder nicht – längst untrennbar vermengt wurden. Soll eine sozialdemokratische Partei diesem Meinungsklima dann eher entgegenkommen, auch um den Preis, es damit noch zu verstärken und selbst dazu beizutragen, es als zentrales politisches Thema zu zementieren? Oder soll sie eher andere Themen verstärken, sodass die Verknüpfung »Migration und Sicherheit« möglicherweise in den Hintergrund rückt? Man kann dazu unterschiedlicher Meinung sein, aber allein die Tatsache, dass man sich so mit dieser Frage auseinandersetzt, bedeutet, dass man sich weniger um die richtigen politischen Konzepte kümmert und mehr um die Frage, wie man die eigene politische Position besser verkaufen kann. Doch würde sich ein Bundeskanzler nur damit beschäftigen, die richtigen politischen Konzepte zu entwickeln, und nicht mit der Frage, wie er sie kommunikativ am besten bewerben kann, dann wäre er schnell gescheitert, selbst wenn er die besten Konzepte hat – er würde nämlich nicht lange Bundeskanzler bleiben.

Auch das ist eine der seltsamen Aporien der zeitgenössischen Politik. Man muss verschiedene Zielgruppen ansprechen, man muss sich natürlich auch Gedanken darüber machen, welche politischen Positionen mehrheitsfähig sind und welche nicht, aber zugleich darf man sich davon nicht so weit beeinflussen lassen, dass man seine Haltungen zu wesentlich daran anpasst – weil man dann aufhört, das zu sagen, was man wirklich denkt, sich eine künstliche Sprache antrainiert und damit an Glaubwürdigkeit und Authentizität verliert. Sodass die Leute sich dann fragen: Wofür steht dieser Politiker eigentlich noch?

Es sind die ersten Frühlingstage 2017, in denen ich Kern diese Fragen an den Kopf werfe. Gerade hat sich das Dreigestirn Sebastian Kurz, Wolfgang Sobotka und SP-Verteidigungsminister Hans-Peter Doskozil wieder mit einer Kaskade an Vorschlägen zu überbieten versucht, wer denn der härtere Hund in der Ausländerpolitik sei. Draußen strahlt die Sonne, aber Kern ist an diesem Tag nicht gut drauf, er spürt, dass das, was als sanfte Repositionierung begann, auf einer schiefen Ebene enden und auch ihn viel an Glaubwürdigkeit kosten könnte. »Es gab sicher eine Neujustierung, was die Flüchtlingspolitik betrifft, das gebe ich zu, und das ist auch etwas, was mir nicht allzu viel Freude bereitet«, sagt er. Eine Neujustierung hätte es werden sollen, die versucht, die Balance zu halten zwischen Humanität, positiver Arbeit für Integration, und die zugleich auf die Verunsicherungen von weiten Teilen der Bevölkerung Rücksicht nehmen will. »Aber wenn man uns vorwirft, wir verfolgen eine strikte Anti-Migrationspolitik, um die Stimmen der FPÖ-Wähler zurückzuholen, dann stimmt das nicht. Erstens, weil das ohnehin nicht auf so simple, plumpe Weise funktionieren würde, zweitens, weil wir Sozialdemokraten das nicht durchhalten würden, und drittens, weil wir es auch gar nicht durchhalten würden wollen.« Natürlich beachte man ein Meinungsklima und nehme Umfragen zur Kenntnis, sagt Kern, aber gerade Umfragen, die ergeben, in dieser oder jener Frage stünde der Durchschnittswähler etwas weiter links oder etwas rechts von der eigenen Position, »die bringen gar nichts. Davon lasse ich mich ehrlich nur wenig beeindrucken.« Schon alleine, weil sehr unklar ist, was die Menschen denn genau unter »links« und was unter »rechts« verstehen. Ist eine aktive Arbeitsmarktpolitik, die 20 000 Jobs für Ältere schafft, links, rechts oder einfach vernünftig? Und würde sie von den Bürgern als »links« eingestuft? Die Mehrheit der Österreicher sieht sich in der Mitte und, um genau zu sein, eine Spur links von der Mitte – jedenfalls ist das ihre Selbsteinschätzung. Und zugleich meinen sie, dass etwa eine Person wie Irmgard Griss, die ehemalige Präsidentschaftskandidatin, noch eine Spur weiter links steht als sie selber. Eine liberale Konservative wie Griss – »links«? Welchen Sinn haben diese Begriffe noch, wenn die Bürger und Bürgerinnen solche Aussagen treffen? Am ehesten steht dann der Begriff »links« noch für emanzipatorisch und gesellschaftspolitisch-liberal, und der Begriff »rechts« für autoritär und national.

Spätestens in einem Jahr stehen reguläre Nationalratswahlen an, und natürlich will Christian Kern diese gewinnen. Als progressiver Politiker braucht er Konzepte, aber auch Mehrheiten, um diese umzusetzen. Und optimale Koalitionsoptionen werden, wenn keine Wunder geschehen, auch nicht massenhaft im Angebot sein.

»Wenn du dir genau anschaust, was wir tun«, sagt Kern, »dann sieht man, dass wir doch viele Bündel schnüren, die einen roten Faden haben. Gerade in ökonomischen Fragen sieht man jetzt schon die Handschrift. 20 000 Jobs für Ältere, der Beschäftigungsbonus, der Versuch, die Wirtschaft in eine bestimmte Richtung zu steuern. Dazu die Forschungsprämie, all das ist ja von einem Plan getragen, weil ich nicht will, dass Österreich ein Billigstandort wird, sondern dass wir massiv investieren. Und all das hat immer auch eine Dimension der sozialen Gerechtigkeit. Wenn wir für alle Schulen Tablets als Unterrichtsmittel beschließen, dann hat das den Aspekt der Digitalisierung, aber auch den der sozialen Gerechtigkeit. Wenn ich in eine Schule im 7. Bezirk gehe, dann haben 80 Prozent der Viertklässler ein Smartphone, ein paar Kilometer weiter in Ottakring haben nur mehr 20 Prozent eines. Dasselbe gilt für die Ganztagsschule, die eine ganz wichtige Dimension der sozialen Gerechtigkeit hat, ebenso für die Erleichterung der Privatinsolvenz, die wir beschlossen haben. Oder der Mindestlohn von 1500,– Euro. All das hat eine Gerechtigkeitsdimension, aber auch eine Gleichberechtigungs-Dimension in der Frauenpolitik. Denn es sind ja Frauen, deren Chancen massiv gehoben werden, die von einer guten Kinderbetreuung am meisten profitieren, die durch den Mindestlohn abgesichert werden – schließlich sind es ja in viel höherem Maße Frauen als Männer, die heute noch weniger als 1500,– Euro verdienen. Das sind alles Entscheidungen, die massiv die Lebenswelten der Menschen positiv beeinflussen, gerade im Sinne dieses Satzes von Günther Nenning, über den wir gesprochen haben, nämlich, dass die Menschen eben nicht in der Zukunft leben, sondern jetzt, und sie wollen jetzt ein Leben in Sicherheit und mit allen Chancen für sich und ihre Kinder. Dieser rote Faden zieht sich durch das gesamte vergangene

Jahr, und wenn man sich die Regierungsarbeit, selbst in dieser schwierigen Koalition, ansieht, dann wird man feststellen, dass wir Woche für Woche einen Schritt weitergekommen sind. Das sind alles Einzelmaßnahmen, die sich in ein größeres Bild fügen, die Elemente eines durchdachten Konzeptes sind. Da haben wir einen ganz passablen Kompass. Das Problem ist eher, dass die Menschen das gar nicht wahrnehmen, dass das im medialen Komplex überhaupt nicht vorkommt – wenn du eine Meinungsverschiedenheit über einen Aspekt der Flüchtlingspolitik hast, dann beherrscht das die Schlagzeilen, dann heißt es, die Regierung streitet, aber die vielen anderen wichtigen Dinge kommen überhaupt nicht vor.«

Und dann fügt Kern hinzu: »Natürlich will ich eine Wahl gewinnen, denn ich will ja weiterregieren. Aber letztlich geht es vielmehr darum, etwas Nachhaltiges zu bewirken und eine Spur zu hinterlassen.«

Kern hat in diesem Jahr viel erreicht. Er hat einer Partei in heller Panik wieder Selbstvertrauen und Energie gegeben, er hat die SPÖ aber auch wieder zu einer diskutierenden Partei gemacht, die über Zukunftspläne nachdenkt, Einzelmaßnahmen entwickelt und über diese debattiert. Und er ist als eine Figur aufgetreten, die auch so etwas wie eine Projektionsfläche ist. Das mag ihm gelegentlich unangenehm sein, aber in der Mediendemokratie sind Bilder, Images, Personen – und eben das, was man instinktiv mit ihnen verbindet –, ganz wesentlich für den Erfolg oder Misserfolg ganzer politischer Parteien. Die Rechtsdemagogen haben es hier einfach: Sie präsentieren eine Führerfigur und inszenieren diese als David gegen Goliath, als Fürsprecher der einfachen Leute gegen »die Eliten«. Und behaupten, sie vertreten »das Volk«.

Aber »das Volk« in diesem Sinne gibt es nicht. Es gibt eine Bevölkerung, und die ist so bunt und vielfältig wie unsere zeitgenössische Welt. Nahezu überall sehnen sich weite Teile – wenn nicht die Mehrheit – dieser Bevölkerung nach progressiven Politikern, die nicht immer nur einer deprimierten Verhinderungspolitik das Wort reden, sondern die mit zupackendem Optimismus darangehen, Risiken in Möglichkeiten zu verwandeln, die in einer klaren, gewinnenden Sprache sprechen, die in ihrem politischen Argumentieren ein gewisses intellektuelles Niveau nicht unterschreiten und sich dennoch für alle verständlich ausdrücken, und die sogar in der Lage sind, mit ein paar Sätzen zu inspirieren. Die die Fenster aufmachen und frische Luft hereinlassen, deren Enthusiasmus ansteckend ist. Nach Leuten, die glaubwürdig ausstrahlen, dass sie ihr Land vorwärtsbringen wollen – und dass sie das auch für möglich halten. Politiker, die Fortschritt und gesellschaftliche Liberalität verkörpern und nicht das Gestern. »Die Hoffnungen nähren, nicht die Ängste und Sorgen«, hat Christian Kern gesagt, damals an jenem Mai-Tag, an dem er sich erstmals als designierter SPÖ-Chef und Kanzler der Öffentlichkeit präsentierte. Damals, mit dieser Lässigkeit, dieser Leichtigkeit. Das ist bis heute der Schlüsselsatz, der seine Kanzlerschaft definiert. Bei allen Kompliziertheiten der Tagespolitik ist das letztlich auch der Stern, der ihn leiten muss. Weil, wer sich in die Niederungen des Taktierens begibt, darin umkommt. Aber auch, weil alles andere einfach auch nicht zu ihm passen würde. Es würde sich falsch anfühlen. Nicht zuletzt auch für ihn selber.

Wie beendet man ein Buch, dessen Thema im Fluss, dessen Protagonist am Weg ist? Mir kommt da die berühmte Wendung Antonio Gramscis in den Sinn, der vom »Pessimismus des Verstandes und vom Optimismus des Willens« sprach. Der Pessimismus des Verstandes weiß, dass dieser Weg nicht ohne Stolpersteine sein kann, und dass mit Schlaglöchern immer zu rechnen ist. Der Optimismus des Willens ist sich dagegen gewiss, dass es aber möglich ist, das Land vorwärtszubringen und die Demokratie zu erneuern.

Der Vorhang zu, das letzte Wort. Geben wir es Elfriede Jelinek. Die österreichische Literaturnobelpreisträgerin wurde vor einiger Zeit in einem Interview gefragt: »Glauben Sie wirklich, dass die Sozialdemokratie reformierbar ist?« Jelinek gab darauf eine wirklich tiefgründige und schöne Antwort, die getragen war von einem skeptischen Optimismus: »Es wird uns nichts anderes übrig bleiben, als das zu glauben.«